香 港 學
HONGKONGOLOGY

◎李英明/著
◎孟　樊　/策劃

出版緣起

　　社會如同個人，個人的知識涵養如何，正可以表現出他有多少的「文化水平」（大陸的用語）；同理，一個社會到底擁有多少「文化水平」，亦可以從它的組成份子的知識能力上窺知。眾所皆知，經濟蓬勃發展，物質生活改善，並不必然意味著這樣的社會在「文化水平」上也跟著成比例的水漲船高，以台灣社會目前在這方面的表現上來看，就是這種說法的最佳實例，正因為如此，才令有識之士憂心。

　　這便是我們——特別是站在一個出版者的立場——所要擔憂的問題：「經濟的富裕是否也使台灣人民的知識能力隨之提昇了？」答案

恐怕是不太樂觀的。正因為如此，像《文化手邊冊》這樣的叢書才值得出版，也應該受到重視。蓋一個社會的「文化水平」既然可以從其成員的知識能力（廣而言之，還包括文藝涵養）上測知，而決定社會成員的知識能力及文藝涵養兩項至為重要的因素，厥為成員亦即民眾的閱讀習慣以及出版（書報雜誌）的質與量，這兩項因素雖互為影響，但顯然後者實居主動的角色，換言之，一個社會的出版事業發達與否，以及它在出版質量上的成績如何，間接影響到它的「文化水平」的表現。

那麼我們要繼續追問的是：我們的出版業究竟繳出了什麼樣的成績單？以圖書出版來講，我們到底出版了那些書？這個問題的答案恐怕如前一樣也不怎麼樂觀。近年來的圖書出版業，受到市場的影響，逐利風氣甚盛，出版量雖然年年爬昇，但出版的品質卻令人操心；有鑑於此，一些出版同業為了改善出版圖書的品質，進而提昇國人的知識能力，近幾年內前後也陸陸續續推出不少性屬「硬調」的理論叢

書。

這些理論叢書的出現，配合國內日益改革與開放的步調，的確令人一新耳目，亦有助於讀書風氣的改善。然而，細察這些「硬調」書籍的出版與流傳，其中存在著不少問題，首先，這些書絕大多數都屬「舶來品」，不是從歐美「進口」，便是自日本飄洋過海而來，換言之，這些書多半是西書的譯著。其次，這些書亦多屬「大部頭」著作，雖是經典名著，長篇累牘，則難以卒睹。由於不是國人的著作的關係，便會產生下列三種狀況：其一，譯筆式的行文，讀來頗有不暢之感，增加瞭解上的難度；其二，書中闡述的內容，來自於不同的歷史與文化背景，如果國人對西方（日本）的背景知識不夠的話，也會使閱讀的困難度增加不少；其三，書的選題不盡然切合本地讀者的需要，自然也難以引起適度的關注。至於長篇累牘的「大部頭」著作，則嚇走了原本有心一讀的讀者，更不適合作為提昇國人知識能力的敲門磚。

基於此故，始有《文化手邊冊》叢書出版

之議，希望藉此叢書的出版，能提昇國人的知
識能力，並改善淺薄的讀書風氣，而其初衷即
針對上述諸項缺失而發，一來這些書文字精簡
扼要，每本約在六至七萬字之間，不對一般讀
者形成龐大的閱讀壓力，期能以言簡意賅的寫
作方式，提綱挈領地將一門知識、一種概念或
某一現象（運動）介紹給國人，打開知識進階
的大門；二來叢書的選題乃依據國人的需要而
設計，切合本地讀者的胃口，也兼顧到中西不
同背景的差異；三來這些書原則上均由本國學
者專家親自執筆，可避免譯筆的詰屈聱牙，文
字通曉流暢，可讀性高。更因為它以手冊型的
小開本方式推出，便於攜帶，可當案頭書讀，
可當床頭書看，亦可隨手攜帶瀏覽。從另一方
面看，《文化手邊冊》可以視為某類型的專業辭
典或百科全書式的分冊導讀。

　　我們不諱言這套集結國人心血結晶的叢書
本身所具備的使命感，企盼不管是有心還是無
心的讀者，都能來「一親她的芳澤」，進而藉此
提昇台灣社會的「文化水平」，在經濟長足發展

之餘，在生活條件改善之餘，在國民所得逐日
上昇之餘，能因國人「文化水平」的提昇，而
洗雪洋人對我們「富裕的貧窮」及「貪婪之島」
之譏。無論如何，《文化手邊冊》是屬於你和我
的。

孟樊

一九九三年二月於台北

序

　　香港於一九九七年七月一日正式結束英國的殖民統治，主權回歸北京，代表舊式的西方帝國主義在東方的進一步終結。

　　由於香港在國際經濟體系的角色，九七主權回歸北京後，到底香港將何去何從，成為各界矚目的焦點。本書嘗試從民族主義，文明衝突以及未來北京與香港間的「中央／地方」關係等角度論述香港未來在世界體系和中國大陸擠壓下的發展可能性。此外，本書除了從宏觀角度分析未來台港大陸之間三角關係的可能演變外，亦從較技術的層面分析香港基本法從理論到實際的發展過程，與香港未來前途的關

係。

　　國內對於香港的研究已有相當的成果，本
書的疏漏之處，祈請各界先進能多予批評指
教；最後要感謝葉忠賢先生、孟樊先生、溫洽
溢先生以及李宗正先生的支持與協助。

李英明

謹序於台北市木柵

九七年三月三十日

目　錄

第一章　民族主義與
香港問題

　　B. Anderson 在其所著《想像的共同體》
(*Imagined Communities*) 一書中，從歷史主
義和人類學的向度去理解民族主義。一般科學
主義的詮釋，總是通過演繹、歸納過程所得出
的指標，去界定民族主義。Anderson認爲，民
族或民族主義的意涵是無法用這種方式界定
的。此外，Anderson認爲，不能將民族主義單
純視爲一套政治意識型態；雖然民族主義與政
治意識型態相關，但不能將政治意識型態與民
族主義等同。Anderson認爲，民族或民族主義
是一種文化現象，我們必須以歷史和人類學的
向度去理解民族主義。Anderson也反對從一般

心理學或社會心理學途徑去理解民族主義。民族主義不是某種社會集體心理的反射，若是從這種向度理解民族主義的形成，同樣缺乏歷史的深度。Anderson認爲，必須從歷史脈絡結構去掌握民族主義的發展，否則任何政治或心理途徑都是抽象的。Anderson指出，民族、民族意識，甚至是民族主義的形成和發展與西方資本主義生產方式的出現、印刷出版語言的興起和西方自十三世紀以來語言的自然分歧，這三股歷史潮流的發展息息相關。

　　從十八世紀之後，民族主義就成爲人類歷史發展之上層結構的重要組成環節，民族主義雖然影響巨大，但是對應於民族主義而具有時代歷史性的理論建構卻闕如，其主要原因在於人們不願意從深刻的歷史主義向度，重新掌握民族主義。換言之，歷史主義是理解民族主義意義的基礎。重新探討民族主義就是對過去種種民族主義論述的揚棄，也是對民族主義意義的重建，而這種重建必須以歷史主義和人類學的結合爲基礎。

　　馬克思在建構階級理論時，也是從歷史主義和人類學的結合去討論階級的意義，這一研究取向似乎影響Anderson對民族主義理論的重建。Anderson指出，處理民族主義的問題，必須觸及馬克思主義與民族主義之間的關係。馬克思主義的革命和國家理論的建構，事實上都是以民族主義爲基礎。Anderson指出，在馬克思主義的著作中，經常使用「民族資產階級」這個概念。馬克思似乎是要告訴人們，階級在具體社會脈絡中運作，會以包括民族在內的種種身份表現出來（注1）。馬克思承認，階級是以政治集團或社會身份集團爲依托。

　　民族主義從理論到實踐，是可以被理解爲馬克思主義的挫敗，民族主義所散發出的能量超過馬克思主義。不過，Anderson認爲，儘管如此，馬克思所揭示的歷史主義和人類學的結合方法是可取的。其實馬克思的階級是一種文化現象，這種文化現象是以生產力和生產關係的辯證互動爲依托。同樣地，民族或民族主義也是一種文化現象，必須以生產力與生產關係

的辯證互動歷史爲基礎。

在Anderson看來，民族就是被想像出來的共同體，而民族意識是通過語言、對此想像共同體的表述（注2）。民族作爲被想像的共同體，並非意味民族是抽象的，也不是可以從心理學的角度來理解的。民族的形成有一定的歷史條件，以一定歷史條件所形構出來的宏觀生產力與生產關係結構爲基礎。民族作爲一種文化歷史現象，首先是一種歷史的自在實體，而其轉化爲歷史的自爲實體則是靠人的想像作爲轉化機制。就Anderson而言，在這種轉換過程中，民族意識才會眞正的形成和抬頭，也才有民族主義的建構。

人類歷史中的任何社群、共同體，除原始部落外，其實都是被想像出來的，任何政治力或是社會力要去掌握社群或共同體，必須借助想像的機制和力量。人類社群和共同體的區隔，並不是根據其成員的屬性特徵，而是根據被想像的形式來區隔的。Anderson認爲民族作爲一種被想像的共同體（imaged commu-

nities)，與西方資本主義的生產力、生產關係
和語言的發展有著密切的關係。資本主義以追
求市場為導向，創造利潤的生產力和生產關係
是促成民族和民族意識興起的重要關鍵。資本
主義促使各地本土語言更方便更迅速的擴散，
而其間是以印刷出版技術為中介。

資本主義與出版印刷術的結合，使西方各
地的本土語言成為凝聚共識的媒介，其中有幾
個重點，值得吾人重視：

1.十三世紀以來，西方出現古典文學運動，
使西方世界跨越拉丁文，形成非拉丁文化的運
動，從而使西方本土語言能夠發展。

2.與馬丁路德的宗教改革有關係。馬丁路
德宗教改革，清教徒革命的成功，與資本主義
所促成的出版印刷市場的擴張有關，馬丁路德
在一五一七年德國教堂刻下宗教改革的宣示，
爾後在十五天之內就以德文在德國廣泛流傳。
所以馬丁路德宗教改革的成功，相當程度上必
須歸功於資本主義的印刷出版的擴張。宗教改
革是因為資本主義印刷出版的興起才有可能成

功。

　　3.本土語言的興起，再加上資本主義印刷術的抬頭，促成民族意識的出現。以資本主義擴張為基礎，印刷出版為模本的語言，是整個西方民族主義興起的主要原因，其過程如下：

　　(1)形成一種統一的或一致的交換溝通情境，而人們通過這種溝通場域而形成我類的認同，對不屬於這場域的成員而作出他類的區隔，這種我類的認同，是民族意識的先聲。

　　(2)以印刷出版為基礎的語言可以把某些社群固定在某種語言的使用上，進而形成歷史認同，激發社群的共同歷史意識，這是形成民族意識的重要條件。

　　(3)歐洲本土語言的興起，衝撞了歐洲的封建王朝，造成西歐封建王朝內部行政官僚系統的去拉丁化，而以新興本土語言作為載體，印刷出版語言的出現，使本土語言超越行政系統而滲透到民間社會，形成巨大的政治凝聚力。

　　(4)民族主義就是這種想像共同體的表述，是通過印刷出版語言來具體表現的，而這種想

像共同體是以歐洲特定的歷史過程即資本主義的發展為主要背景條件。但Anderson進一步指出，印刷出版語言並非民族意識形成的充要條件，這兩者並沒有完全配套的關係，特別是拉丁美洲和非洲地區雖然使用西方的語言，但並未成為拉、非國家民族意識興起的障礙（注3）。所以作為被想像的共同體，必須以特殊的歷史脈絡為基礎。

自清末以來，中國民族主義的興起受到西方啟蒙運動以來進化主義的歷史觀的影響，而這種進化主義的歷史觀是在社會達爾文主義之下，以一種目的論的方式所呈現出來的簡單的因果論式的歷史發展觀念。我們在嚴復、梁啟超、孫中山和中國共產黨的論述中，都可以找到這種社會達爾文主義的歷史觀。他們無不想告訴我們，中國人唯有從以血緣為基礎的自在的民族轉變為自為的民族，中國的歷史才會具有合理性。這種社會達爾文主義的史觀是以民族為歷史主體，他們認為，當中國形成民族國家之後，真正屬於中國的歷史才開始。

　　Prasenzit Duara 在其《從民族中解救歷史》(*Rescuing History From The Nation*)中認為，西方以民族作為為歷史主體雖然創造了啓蒙運動的文明，同時也摧毀了其他文明的存在。民族主義並非是高度或是完全一致的認同感意識，但是西方的近代史卻告訴人們民族主義是一種完全一致的認同感。

　　Duara 認為，很多人面對西方近代史都是以上述兩點為根本的論述基礎，從而籠罩在啓蒙運動以來的社會達爾文主義的史觀中。一般民族主義的論述是從認同 (identity) 概念入手，而其分析方法都是從認識論、政治文化、心理取向等方面去進行。Duara 指出，我們不應該從這方向去理解。所謂的「認同感」，是一種浮動變化的歷史現象，認同感的建立是通過對比區隔方式建立起來的，即在人群之中區隔我類、他類，把某些社群納入我類之中，而把某些社群視為他類，換言之，民族認同感就是一種對人群關係區隔角色的歸屬與認同(注4)。這種區隔標準是相當現實主義的，會受到社會

結構的擠壓，經常處於變動的狀態中。當然另一方面，這種區隔標準也有可能總是從屬於一種超越性的判準之下（注5）。而不管是現實或是超現實的判準，都是高度浮動的；現實判準與超現實判準之間變動不居的連結關係，又是造成民族認同變動不居的重要原因。例如，共產黨與國民黨都在追求中國的現代化，但二者對於現代化意義和民族內涵卻有不同的認知。

　　Duara認為這種對民族認同感的理解，就是要破除啟蒙運動進化主義的神話，即解構民族認同感的神聖性。Duara指出，在民族大框架的我類族群中，還隱含許多他類的存在，不同地區、族群、性別、階層對於民族認同的「想像」方式，都有許多的差異性。如美國的男性女性和不同族群，對想像作為美國人的方法就有不同（注6）。這種認同方式的差異甚至造成原先民族認同的改變，會去挑戰民族認同的權威性。所以，民族認同基本上是可以通過許多不同途徑運作的，民族認同的一致性是建立在許多存在差異性之團體認同基礎之上的。民族認

同的基礎是相當脆弱而且具有高度浮動性的，
它的意義必須通過普遍性和特殊性的辯證關係
過程來展現。西方世界的當代史，受兩大主流
思想擺盪的制約：其中一種潮流認為，民族主
義、民族意識是人類成為歷史主體之至高無上
的心理歸屬，而在這種認同底下，宗教、階級、
性別的歸屬都被認為是次要的，應被消溶在民
族認同的意識之下。這種潮流是西方極權主義
興起的重要因素，是與自由主義的論述背道而
馳；另一種潮流是主張尊重次團體的認同感，
形成反民族中心的論述。Duara 認為，民族中
心的論述，是帝國主義的辯護基礎（注7）；而反
民族中心的論述，才能扭轉啟蒙運動以來的社
會達爾文主義式的歷史進程，開啟後啟蒙的歷
史道路。

　　港人的自我認同，有理想性的一面，也有
現實性的意義。在中英談判過程中，港人便受
到這兩方面的壓力，使港人形成既矛盾卻又實
在的自我定位，即港人一方面承認自己是中國
人，另一方面，又非常現實地要凸顯港人的意

識。可以預見的未來，港人會受這兩方面認同
的擠壓，而北京則會以對作爲中國人要求香港
人的自我認同符合北京的期待；但是在基本法
的架構下，若要維持經濟與社會相對於北京的
自主性，港人的自主意識也會不斷昂揚，這是
牽動香港在九七之後政治發展的主體脈絡。

　　關信基在＜權力依附與民主轉型：香港個
案＞("Power Dependence and Democratic
Transition :The Case of Hong Kong")一
文中認爲，香港不管是作爲英國的殖民地、或
是九七之後回歸中國大陸，香港的政治地位都
是一種依附性政體的角色，而這種政治角色是
決定香港政治發展的結構性因素（注8）。殖民母
國的政治決定，以及九七之後北京的政策，這
些外在因素才是決定香港政治發展的終極因
素。所以討論香港的政治發展，不能只是單純
地觀察香港的內在社會因素，如香港的經濟進
展、中產階級的出現等。瞭解此一特點，才能
把香港八〇年代的發展與西方民主政治論述作
比較。關信基認爲，如果把香港與五、六〇年

代西方關於民主如何可能的論述相對照，就可
以發現二次世界大戰之後，西方學界有關民主
政治的論述並不適於香港的環境。這是因為西
方民主政治理論只是從政體的內在格局來論民
主政治的可能性，因此，如果不加反省地套用
西方民主理論，就會與香港的現實情境矛盾脫
節。

　　關信基通過香港作為一種依附性政體，將
香港現實與西方民主理論相對照，進而去掌握
香港的政治發展。他認為，若以西方民主理論
為標準，香港的社會經濟條件似乎證明香港具
有邁向民主化的社會經濟條件，但是這類的論
述忽略了來自英國和北京外在的制約因素。西
方民主理論普遍認為，中產階級的大量湧現是
民主政治發展的前提條件。但是，香港是否存
在西方學界所謂的中產階級仍是一個問題，即
便是有，六○年代以來香港的中產階級在政治
態度上是非常保守的。他們無意集體行動並形
成一股對抗政府的政治勢力；同時，在香港也
沒有特殊的組織或集體行動，讓香港內部的某

些特定族群成爲自爲的階級，對旣存的權威進行挑戰。

如果從G. A. Almond的政治文化角度來看，Almond認爲參與式的公民文化是政治民主化的重要前提之一；但是關信基認爲，作爲依附政體，香港是一種臣屬性的政治文化，若依上述政治文化理論來看，香港就沒有發展民主政治的可能性。關信基進一步指出，上述政治文化理論是倒果爲因，其實是先要有參與式的政治制度，才會形成參與式的公民文化（注9）。就香港而言，只有這種論述才能與期待香港民主政治發展相結合。

長期以來，香港人對政治就是採取實用主義的態度，雖然港人對於港英政府的期待自八〇年代以來就越來越升高，但是港人也考慮到從事集體政治實踐所必須付出的代價，即使是在天安門事件之後，港人的示威行動，也是出自實用主義的考量。二次世界大戰的戰亂，以及歷經中國大陸的政治動亂，使香港人很容易將維持香港的穩定繁榮，作爲政治發展的首要

目標，而不願去追求政治的民主化。這種集體
的政治心理，成爲中共可資運用的政治資源。
港人對政治民主化的看法是相當浮面的，同時
也存在著內在的矛盾性。八〇年代以來，港人
一方面期望立法局可以通過選舉產生，以監督
政府；另一方面，又希望強勢政府的存在，以
維持香港的經濟繁榮，這種心態是存在矛盾
的。港人認爲，政府只要通過某些管道願意與
民意代表諮商，就是民主的政府。相對只有少
數人相信，唯有通過普選，才是民主政治。而
八〇年代以來的調查顯示，五〇歲以上的民衆
對政治民主化的認識，反而要比年輕人更有所
體會（注10）。

　　港人通過世代交替傳遞下來的集體記憶，
使港人採取實用主義的態度去面對政治，以及
以政治穩定作爲優先的政治目標，這使港人即
使有政治民主化的體認，與採取具體的政治實
踐之間卻又存在落差。

　　西方的政治理論普遍認爲，政治民主化的
條件之一就是政治精英之間的相互容忍妥協、

以及彼此信任的態度。但是政治的妥協和彼此
的信任並不是與生俱來，而是通過一連串的學
習過程。八四年中英聯合宣言發表以來，香港
的政治精英才通過有限的政治參與管道，有機
會培養相互容忍的態度。但是九七年之後，這
些政治精英是否能夠再維持這種妥協容忍的民
主態度，對於香港的政治發展，是值得關注的。
因爲，九七之後香港仍是依附性的政體，在這
種政體下政治精英是否能夠被平等對待，是值
得懷疑的（注11）。

香港的政治精英可以分爲民主派、保守派
以及中間路線；其中保守派掌握香港的經濟命
脈，同時與北京形成政治聯盟的關係。九○年
基本法公佈之後，北京政府就更積極地與保守
派聯盟，同時介入香港的政治社會脈動，而使
香港的經濟領域與「上層建築」爲這一聯盟所
掌握。除以上三派之外，北京和港英政府是香
港的主要政治主體，所以我們可以從這些主要
政治主體之間的互動，來理解香港未來的政治
發展。

　　總體言之，香港政治精英之間的主要爭執
焦點是香港的過渡及如何過渡的問題，其次是
香港的穩定繁榮該如何界定、及該如何維持的
問題。

　　「穩定繁榮」這一概念，對前述各政治主
體的象徵意義是各有不同，對中共而言，首先
是指反北京的力量，特別是國民黨力量的消
失；其次是對中共所進行的現代化目標有所貢
獻。對港英政府而言，穩定繁榮是指維持港英
政府的有效運作，直到九七之後將主權歸還中
共爲止；其次是指維持英國在香港的利益。對
保守派而言，穩定繁榮是指本身的經濟利益不
會受到衝擊和傷害，而在九七之後仍維持目前
的經濟地位，甚至擴大經濟利益，同時避免勞
資糾紛、勞資對抗的現象出現。準此而言，穩
定繁榮的概念對於不同的政治行動主體有不同
的意義，作爲他們各自的政治訴求，從而被納
入他們各自的政治策略中（注12）。

　　就香港的過渡程序而言，對不同的政治行
動主體也有不同的訴求和主張：（注13）

　　就中共而言，首要的目標是發展擴大對香港政經脈絡的控制，確保香港主權掌握在中共的手中，而不要讓英國插手香港的政經局勢；其次是穩定一國兩制體制架構，以產生收回臺灣的示範作用；最後才是幫助中共完成現代化的目標。

　　就港英政府而言，是希望在九七之前維持港英政府的有效運作；其次是使香港發展出代議政治的體制；第三則是在道義上盡可能地為港人的人權利益尋求相對於北京更大的自主性。

　　就保守派而言，首先是盡可能地與北京發展積極的互動關係；其次是穩定原先既有的政治管道；第三力求經濟領域的非政治化，避免使經濟的運作淪為政治談判的籌碼；第四是利用經濟優勢爭取政治影響力、甚至決策力。

　　就民主派而言，首先是發展港人的政治意識，促使港人政治意識抬頭，同時使港人願意投入政治實踐和政治社會運動；其次是設法利用八四年以來的有限空間，通過選舉參與香港

的立法決策；第三是讓香港擁有相對於北京的
人權待遇和言論的自由；第四是通過以上三
點，促使香港政治民主化，並維持香港的經濟
繁榮穩定。

　　自從八四年中英聯合宣言發表以來，港英
政府就希望香港朝向代議政治的方向發展，不
過由於北京的抗議，港英政府從八五年來進行
立法局的間接選舉，而使港人香港的民主政治
發展有所期待。但是基本法通過之後，讓港人
的期待落空了。基本法確立九七之後香港仍然
是有限選舉的政治機制，使北京在九七之後，
仍然主導香港，使香港的政治運作仍然掌握在
北京政府偏好的政治人物手中。

　　北京宣稱，香港資本主義體制維持五十年
不變，分析家認為，這種宣示顯示北京期待繼
續對香港進行所謂的「內在殖民」，讓香港在經
濟上擁有自主性，而由北京控制香港的政治發
展方向。北京與保守派進行聯盟，北京擁有政
治主導權，而保守派則維持其經濟的優勢，兩
者結合起來共同主導了香港的發展。民主派人

士雖然擁有中產階級的支持，但卻缺乏雄厚的經濟實力；另一方面，民主派突顯港人的意識，提出港人治港的訴求，但是又得接受中共對香港擁有絕對主權的形式。這些因素共同構成民主派推動民主化改革的難題。

其次，從中英聯合聲明和基本法的內容來看，香港很難從九七之後的政治體制向政治民主化的方向轉變。但是一國兩制的基本架構，卻成為具體的中央與地方關係，以規範北京介入香港運作的範圍和方法。所以香港應利用一國兩制的區隔，以防止北京對香港的過度干預和介入，以維持香港相對於北京的自主性。所以香港的相對自主性，必須要在政府之外的民間社會去尋求，以此作為結構性的基礎，使香港能夠確保一國兩制架構。這種可能性源自北京的黨國機制，會有不同立場和觀點，對於如何落實一國兩制，會存在不同的看法。重要的是，改革開放之後北京必須放寬對地方的干預，這是香港可資利用的空間。另一方面，對北京而言，中英聯合宣言和基本法仍然確立了

有限選舉，但有限選舉也使香港的政治精英必
須兼顧社會的民意，這會使北京很難宰制香港
的政治走向（注14）。

注釋

注 1 ：Benedict Anderson, Imagined communities, Verso, 1995.p.4.

注 2 ：Ibid., p.6.

注 3 ：Ibid., pp.37~46.

注 4 ：Prasenjit Duara, *Rescuing History From The Nation*, The University of Chicago Press, 1995. p.15

注 5 ：Ibid., p.13.

注 6 ：Ibid., p.10.

注 7 ：Ibid., pp.20~22.

注 8 ：Kuan Hsin-chi, Power Dependency and Democratic Transition: The Case of Hong Kong, The China Quarterly, No.128,‘ December, 1991, p. 774.

注 9 ：Ibid., p.777.

注10：Ibid., pp.777~778.

注11：Ibid., pp.778~779.

注12：Ibid., p.781.

注13：Ibid., pp.781～782.

注14：Ibid., pp.791～792.

第二章　基本法問題

　　香港基本法是將政治與經濟作出區隔，採
取功利主義、實用主義的態度；但在另一方
面，基本法又透露中共的主要用意在於維繫北
京的政治主導權。

　　然而由中共主導所設計出來的基本法，是
否能如港人的期待，成為抗拒北京干預香港內
部事務的憑藉？香港基本法在九七之後是否能
夠擺脫過去殖民時代的政治運作格局？這些都
是值得關心的問題。

　　就第一個問題而言，其中所涉及的是九七
之後香港是否擁有相對中共的自主性。根據香
港基本法第二、六、八條等條文的規定，雖然

在總體上賦予香港高度的自治權，但是在香港基本法中所謂的「高度」自治是相當籠統的，這就使北京有進一步掌握香港政經社會主導權的可能性。同樣地，保持香港生活方式五十年不變，何謂「基本生活方式」，也是模擬兩可、語意不清。在一些重要的關鍵概念上如高度自治、基本生活方式等，基本法都沒有明確界定，這對九七後香港的政經社會運作都會造成充滿變動的影響。

　　其次，在香港基本法的解釋權方面，基本法第五十八條規定，基本法的解釋權是屬於全國人大常委會所有。而香港各級法院雖然有解釋權，但是其解釋權是有限的。這就使人大常委會對香港基本法作出延伸性的解釋預留空間。另一方面，香港各級法院擁有的解釋權，其實隱含相當多的不確定性。除國防和外交外，香港法院雖然擁有解釋權，但是許多事務既可以被解釋為中央事務，也可以被歸結為地方性質，例如香港的對外商務既可以被解釋屬於香港的事務，但也可以被理解為國與國之間

的外交關係。這就使香港各級法院所具有的解釋權，充滿曖昧和不確定性。

在經濟方面，香港的對內和對外關係，如基本法的第一三三條規定，香港擁有處理與其他國家的航空權的問題；第一五一條規定，香港擁有對外關係的某些自主性；第一五四條規定，香港可以自主核發相關入出境證件；第一一一條規定，港幣發行權是屬於特區政府所有；第一一六條規定，香港特別行政區可以作為單獨的關稅區；第一〇八條規定，香港可以有獨立實行稅收的權利；第一一八條規定，自行發行貨幣的權力；第一〇六條規定，香港有財政自主權，從以上這些條文，北京確實是以實用主義和功利主義的作法，想使香港在九七之後，可以擁有經濟的自主性。

但是從基本法的現實面而言，從八〇年代以來，香港就與中國大陸東南沿海及廣東等地區的經濟活動緊密的結合，這就使香港的經濟出現了「內地化」的現象，同時香港基本法並無法防止中國大陸內地各種勢力或力量對香港

本地經濟的介入，所以基本法以上的規定，並
無法真正確實地保證香港的自主性。

香港基本法第十八條規定，全國人大常委
會可以對基本法的附件三作出增減；因此九七
之後人大常委會擁有在香港實施超出香港基本
法自治範圍以外的法律權限，同樣也擁有宣佈
戒嚴法的權利。如此，有可能全面改變或凍結
基本法實施，可以預見的是，香港基本法的最
終權利是屬於人大常委會的。因此從香港基本
法的政治層面規定看來，九七後香港很難擁有
政治自主性。

就總體結構而言，基本法主要涉及特區與
北京中央政府之間的關係、特區政治體制的架
構以及九七之後香港特區的相關社會經濟的規
範。

關於第二個問題香港基本法只有權宜性的
規定，因而充滿不確定性。這就顯示中共主要
關心如何穩住北京對香港的政治主導權，其次
才是關心香港如何能夠對中國大陸的現代化作
出實質性的貢獻。而相對於有關九七之後香港

的政治體制結構的規定，更是充斥著不確定
性。

　　殖民時代香港法律的設計，主要是從屬於
行政權的運作之下。法律運作的目的，在於如
何使香港行政運作順暢，並獲得法律的合法
性。基本法的設計，也與殖民地時代的法律意
涵相同，法律設計的目的只是爲了順暢特區政
府的運作，因而未能改變殖民地時代行政和立
法的互動格局，依然承繼法律從屬於行政的結
構格局。

　　九七之後香港行政權的運作，並不完全可
以受基本法三權分立設計的制約，此一問題涉
及九七之後香港行政長官的選拔方法。基本法
的精神是奠立在準總統制的基礎上，延續殖民
地時代行政主導原則的政治體制；基本法的主
要目標還是以九七之後行政長官權力運作的順
暢爲最高原則。對照殖民時代的總督，九七之
後香港行政長官甚至比殖民時代香港總督的權
力還大。

　　按基本法的設計，行政長官的產生和立法

機器成員的產生，在二〇〇七年前都無法直
選，甚至在二〇〇七年後若要直接選舉，都有
嚴格的規定，因此香港所實行的是一種有限的
民主。

九七之後香港將要面對資本主義與中國大
陸的社會主義法制之間的張力。而基本法並未
明白規定，香港基本法與中國大陸的法律若是
發生矛盾，應該如何解決；此外，香港基本法
缺乏有關法律納入程序的設計，因為基本法並
未規定如何將中共中央的法律轉化成不會與基
本法的實施相違背的法律程序。

香港在九七之後想要維持高度的自治，就
必須將中國大陸的法律轉化成順應九七之後香
港的法律運作。然而根據基本法第十二、十三、
十四、十五、十七、、十八、十九、二十、二
一、二二條等法律條文有關香港特區與中央及
各地方關係的設計，卻存在以下等問題。

1.九七之後不管香港的自治程度如何，都
是在北京的主權範圍之中來運作的；這必然會
觸及北京各部門及其所屬各單位人員與香港特

區的法律及行政關係。兩者之間的行政和法律行為，是屬於國家行政法的範圍，若要使北京中央政府的人員不會干預香港的自治，解決之道可由行政長官和香港地區的人大代表提出異議，但是基本法只是規定行政長官的產生辦法，並未賦予行政長官提出異議的權利。另一種可能的防止管道是通過香港人大提出上訴，根據中共憲法第七二、七三條的規定，這應該是可行的；香港人大是防止中央政府各部門侵害香港自治權的唯一可能之道。而為了彰顯九七之後香港的法治，香港有必要立法規定香港人大代表如何確實執行其這方面的權責（注1）。

　　2.香港特區的行政長官及立法機關如果被認定破壞香港的自治時，該如何解決？這同樣需要仰賴香港的人大代表來監督，當然其監督權責同樣需要立法明確規定。

　　3.如果要立法使香港的人大能夠實行他的監督權利，就必需將適用於全國的法律引進到香港特區，然而這會使九七之後在香港實行的

全國性法律，就不再僅是基本法附件三中的規定範圍。因此，就必須進一步制定法律以作出相關規定，使全國性的法律既能夠順利在香港實施，又不妨礙香港的自治權利。

4.就基本法第十四條的規定，中共中央人民政府負責管理與香港特別行政區有關的外交事務。北京中央人民政府若是替香港特區政府簽定外交的條約或協定時，北京當然可以行政指令要求香港特區政府對所簽定之外交事務的規定徹底執行。然而這會使北京的行政命令在法律的位階上高於香港特區的法令，因此就必須制定相關的法律，將北京的行政命令納入香港的自治權之下；亦即必須是通過香港的立法程序，來實行北京所簽定的外交協議。但是基本法並未針對此一問題作出明確的規定（注2）。

5.在國際事務方面，根據基本法第十四條規定，香港的駐軍必須受到中央和特區法律規定的節制；但是如果發生認知上或是執行上的矛盾，該如何裁定、該如何解決，基本法卻未

作相關的規定。其次，基本法第十六條強調，全國人大常委會若宣稱處於戰爭狀態，國務院即可對香港宣佈進入戒嚴狀態，這就打開中共中央政府頒布法令實行於香港的方便之門。

6.對於行政長官進行約束的問題。基本法並未就行政長官的選舉方法或協商辦法做出具體規定。行政長官最主要是向北京負責，但卻未相對彰顯行政長官對立法機關負責的精神。這就使行政長官受到中共中央政府約束相對大於受香港法制的約束。但是另一方面，行政長官又必須實行香港基本法的規定，這兩者若是發生矛盾時，該由那個機關來進行裁決，行政長官又該遵守那個法律，這些疑點基本法都未作出明確規定（注3）。

7.根據基本法第十七和十九條的規定，香港立法機關的立法是否合法，最終的裁判權是屬於全國人大常委會，而且，香港地區不得覆議或上訴全國人大常委會，這就使人大常委會對香港立法機關所通過的法律具有否決權。另一方面，基本法並未要求全國人大常委會對香

港法律進行解釋時所必須的程序問題作出合理
的規範，以致於該由誰提出、以什麼方式提出，
基本法都未明確規定。雖然基本法規定香港地
方法院可以提出法律的解釋，但按大陸法制這
種法律解釋權是歸屬於立法機關，而且基本法
只是賦予香港各級法院對法令適用與否的問題
作出解釋，其最終的解釋權仍然歸全國人大常
委會所有。若全國人大常委會與香港法院分別
對相同的法律進行解釋，而出現差異或矛盾時
又該如何解決？

　　綜合上述的疑點，北京中央法律作為一種
全國性的法律要在香港實施，就必須有一定的
納入程序，否則北京的法律行為會超出香港所
享有的自治權限之外。其次，中國大陸的全國
性法律通過一定的程序在香港實施，仍然會面
臨適用性的問題；若全國性的法律不適用於香
港特區時，該由那一等級的法院、或以何種判
準來裁決？此外，法律適用與否是由全國人大
常委會或由香港特區主動提出處理？全國性的
法律若是不符合香港基本法的原則精神，香港

法院是否有權利作出裁決？如果是由全國人大常委會裁決，那麼香港法院是否能夠針對全國人大常委會的決定作出判斷？北京中央作出的行政命令是否可以直接適用於香港特區，這當然仍須要有一定的納入程序，並由香港的行政長官公佈實施，否則北京的行政命令會凌駕香港的自治權；其次，行政命令是否適用於香港，又是另外一個問題（注4）。

　　總之，香港基本法制定的法律與中央的關係有以下幾種：

　　1.北京全國人大常委會有權針對立法會的立法，作出是否符合基本法原則的解釋和判定。

　　2.香港本身內部各階層是否有權力質疑香港立法會的立法是否符合基本法的原則，若有，香港人民應該以何種程序提出，香港法院是否可以直接裁定，還是必須由全國人大常委會決定。

　　3.這其中必定涉及法律解釋衝突的問題，即香港法院的解釋可能會與全國人大常委會的

解釋發生矛盾。人大常委會的裁判應該考慮到香港法律與中央法律之間可能的結構性矛盾，如果站在法域本位主義作出解釋而無視於之兩者之間存在的差異性，必定會使全國人大常委會的法律條文解釋成為雙方衝突的根源。

4.香港基本法在中國大陸的法律架構中應處於何種法律位階。香港基本法是香港的基本大法，具有準憲法的角色，那麼香港基本法所制定的法律應該是屬於地方性的法律、或是比地方法律更高的單行法，以及香港特區所立的法律與大陸民法、刑法等關係為何，這都是相當棘手的問題。基本法與中央法律的關係是水平關係或是垂直關係、亦或者是既有水平關係又有垂直關係，如果香港基本法的法律位階未能被確定，那也就無法解決香港法律與中央法律發生矛盾衝突的問題。

香港基本法通過的法律若是經由全國人大常委會駁回，香港地區就無法再進行上訴，這不盡合理；而對香港法律的解釋，人大常委會應經由何種程序進行，這是相當重要的問題。

人大常委會的法律解釋權，必須有一套解釋判斷的標準，否則會引起香港與北京之間的政治緊張關係。中共是屬於大陸法系，而香港是屬於英國傳統的習慣法，大陸法系是立法解釋，香港則是司法解釋，即所有的法律解釋都是司法行為。因此在案件審判時，香港各級法院其實已經在進行司法解釋；全國人大常委會如果在此時也作出立法解釋，那麼將會侵害香港的終審權。此外，香港與中國大陸法律衝突的解決，應以衝突法解決，但是法域的界定為何？衝突法是否包括民法、商法等不具排他性的私法領域，以及具排他性的公法層次。

　　解決法律衝突的可能步驟，首先是適用國際法以解決香港與大陸之間的法律衝突問題，但是問題在於香港並非是主權國家；其次，是適用類推國際司法原則，這樣香港與大陸各自制定衝突法以解決法律衝突的問題。但是也有學者主張，由北京中央制定衝突法以解決法律的矛盾，但是如此一來，可能又違背了一國兩制的基本原則（注5）。

　　此外，香港是否擁有締約權，若有，它的
法源來自中共的憲法、中英聯合宣言、或是香
港基本法？中共憲法並沒有有關香港締約權的
規定，所以香港締約權只能從後兩者獲得合法
的法源，如果依國際法的角度來看，香港並非
主權國家，不具備完整的國際人格，香港是不
可能擁有對外的締約權（注6）。

　　香港對外締約權的法源為何、香港享有多
大的締約權限、香港對外締結條約是否需要經
過批準、中共如何認定香港所簽定的條約等都
是必須探討的問題。

　　就合法性而言，我們很難從中共的憲法找
到香港締約權的根據，所以香港締約權應是來
自基本法；但是香港在九七之後又不是主權國
家，所以從國際法或國際人格的角度來看，香
港都不具備締約權的條件。有關九七之後香港
的國際人格的定位，以及香港是否擁有締約權
力，存在兩種看法。第一種認為，九七之後香
港應該延續過去的國際人格和國際地位；另一
種看法認為，若是堅持前述的主張，就違背了

香港主權回歸中共的意義。

　　所以香港的締約權力的法源應來自基本法和中英聯合聲明，即從國內法和國際條約突顯香港的對外締約權。根據基本法的規定，九七之後香港可以中國香港的名義與其他各國、非主權地區和國際組織締結條約，而所締結條約的內容也僅限於經濟、科技、通訊等領域，所以外交和國防等方面仍是屬於中共中央的權利。然而，若按香港基本法的規定，香港是否擁有剩餘權利，仍有所爭論。第一種看法認為，中共是單一制政體國家，即地方的權利是來自中央的授與，所以九七之後並不存在剩餘權的問題，亦即法律沒有詳加規定的領域，仍歸屬於中央的權限。只有在聯邦制的國家，憲法對中央聯邦政府權利的規定是採列舉的方式，未規定者則歸屬於地方所有（注7）。反對者認為，九七之後中共雖然仍是單一制的政體，但是這種政體已經不像九七前那麼單純。香港主權回歸後，香港與中共中央之間的關係已經使中共的單一制政體變得更為複雜。所以九七之後，

在處理剩餘權方面就應該傾向於聯邦制的作
法，將憲法沒有規定的領域授與香港。更有甚
者認為，基本法規定九七之後香港擁有司法終
審權，所以剩餘權利更應該完全歸於香港，以
便彰顯香港的司法終審權，否則香港的司法終
審權只是徒具虛名（注8）。

　　但從八九年以後，香港與北京的互動過程
來看，所謂的剩餘權應該會由北京來主導，這
是因為司法管轄權賄主權行使的意涵，而北京
對於主權的主張又是非常敏感且強硬。

　　至於香港締約權應由誰來批准，也有爭
論，第一種看法認為，九七之後香港是一個高
度自治的政治實體，所以香港對外的締約只要
經過立法機關的批准即可，而毋須再由人大常
委會通過。第二種看法者認為，香港對外締約
應由人大常委會批准，人大常委會應擁有最終
的批准和審察的權力，這才能保證香港作為中
國一個特區的屬性，同時也才不致於影響中國
大陸內部第三者的權利和利益（注9）。北京當
然比較傾向於後一種的看法。

　　此外，香港在九七之後是否有權與臺灣締
結條約。很明顯的，基本法已經排除有關臺灣
的問題，北京並不企圖以基本法來處理臺港之
間的問題；但是依據基本法的邏輯來看，香港
是有權與臺灣締結條約的。然而九七之後香港
是否有權選擇締結條約的對象，這就不是純粹
法律的範圍，而是屬於一種政治問題。基本上，
北京將會掌握處理臺灣問題的主導權。

　　再者，九七之前香港以各種形式對外簽訂
的條約應如何處理，九七之前香港簽訂的條約
包括三種形式：(1)香港以自己的名義所參加的
多邊協議，如GATT協定；(2)由英國代理但卻
是以香港名義所簽訂的協議；(3)英國直接以其
名義簽訂，但是適用於香港地區的協定。而值
得注意的是，中共已經參加並簽訂的協議或條
約，在九七之後是否可以適用於香港地區，中
共本身沒有參加或簽訂的條約，但是香港已經
參加或簽定的問題又應該如何處理（注10）。

　　上述第二種形式的問題較第一種大，如果
違背北京的主權主張，以及北京對香港的主

權、外交和國防等權利，相信北京是不會容許
它的存在。至於第三種形式，北京在九七之後
取代英國的地位，成為香港國際法的代理人，
不會斷然撕毀這類條約的。

香港是屬於普通法習慣法的地區，行政機
關所簽訂的條約必須經由司法程序才能適用於
香港地區，北京似乎有可能傾向同意這種作
法，這樣一來，在九七前北京參加並簽訂的協
議或條約，是否可以適用於香港的問題應該可
以獲得解決。

九七後香港簽訂的條約北京若不予以承認
的話，只能被視為是一種國際合同，適用於國
際私法的管轄範圍，香港必須獨自承擔權利義
務。若是經由北京中央批准，北京和香港成為
共同責任實體，這就適用於國際公法的範圍，
北京和香港必須共同承擔責任。以北京名義代
表香港所簽訂的協定，北京就成為唯一實體，
這同樣適用於國際公法，北京擁有排他性的國
際法責任和義務。香港延續過去的多邊協定，
香港具有獨立的國際法實體，香港必須單獨承

擔國際義務，亦即香港擁有排他性的國際法責任（注11）。

香港居民有相當的比例擁有英國屬土公民身份證，這是英國簽發給海外殖民地的證件。北京基本上對英國這種作法雖然相當不滿。但北京認為，港人只要擁有中國國籍，雖然同時擁有英國屬土公民證，仍是中國的公民。同時，北京也不允許港人持英國的屬土公民身份證，在香港和中國大陸尋求英國的保護。而根據基本法和北京對相關問題的宣示可以看出，中共是容許雙重國籍的，即使香港人擁有其他國家的國籍，只要他未宣示放棄，並不會因為九七的到來而影響他的中國國籍的歸屬（注12）。

香港在殖民時代就擁有特殊的公共領域（public sphere），香港民主派的形成與發展，就與這種公共領域的存在有關，不過，港人長期以來普遍地卻對於政治領域抱持冷淡的態度。依基本法的規定，這種公共領域是可以存在的，但從九七前一、二年北京的宣示看來，九七之後，這種公共領域的存在會發生問題。

民主派本身所具有的社會向度合法性，與北京
掌握香港政治主導權的企圖之間的緊張關係，
會進一步衝擊既有的公共領域；而公共領域的
成長或是萎縮，則會反過來影響香港的政治運
作模式。依據香港過去的經驗，港人會希望這
種特殊形式的公共領域得以繼續發展，甚至能
夠被制度化。但是，九七之後北京將會強化其
對香港的政治主導權，香港的公共領域將會受
到嚴重的制約。香港在九七之前，不管是政治
或是在經濟法律向度上，都被視爲是屬於西方
價值範圍。九七之後，北京也願意讓香港在經
濟向度上不違背西方的價值標準。但是九七之
後，中共當然希望香港的政治文化認同能回歸
北京。西方國家的外交作爲，最終都會以其西
方的文化價值作爲合法性的判準，例如就西方
國家看來，八九天安門事件的爆發，已經背離
了西方世界對中國大陸的期待，即經濟的發展
必定會帶動政治的民主化和文化的多元化。西
方世界將會在有關香港政策上反映出其文化價
值的判準，九七之後香港是否仍被視爲是屬於

西方文化價值範圍，會影響香港與美國和西方世界的互動關係。Samuel P. Huntington的「文明衝突論」，特別強調文明的區隔是美國外交政策的依據（注13）。Huntington指出，國際政治研究的典範應該移轉，而以文明作爲新的研究典範主體。

九七之後，香港特區是否能再被視爲資本主義世界體系中的一環，這是另一個攸關香港與美國和西方互動關係的重要問題。在經濟向度上，北京從功利實用主義出發，當然希望繼續讓香港隸屬於資本主義體系的一環。但是九七之後，香港經濟的內地化，將牽動資本主義世界體系在此區域的變化，同時，也會牽引臺灣與資本主義的互動關係的發展。所以香港、中國大陸與臺灣之間的關係應被放在世界體系範圍來思考。

九七之後，香港作爲政治實體其國際地位如何被定位，這一問題既會對國際法構成挑戰，也能進一步豐富國際法的內涵。其次，香港做爲政治實體，其對外的關係必須被釐清，

如協議、條約、合同的性質，應該從何種向度
來區別，這與香港的國際地位該如何被界定這
一問題是相關的。

　　儘管基本法依政經分離的原則設計，非常
實用主義的期待九七後香港經濟能承繼過去成
就繼續發展；可是在政制設計上，九七後的香
港是一種「準總統制」的格局，行政首長的權
力甚至比殖民時代的總督還大，傳統的行政主
導結構並未改變甚至強化；而且，光就基本法
的設計來看，北京握有任命特首、最終的解釋
以及修改基本法的權力，這就使九七後的香港
在政法向度上從屬於北京。雖然從北京的角度
來看，這是北京在九七後對香港行使主權的具
體表現，但是在經濟實用主義與政治支配主義
交織而成的圖景，實在難怪會讓不少人認為九
七後北京對香港是實行「內在的殖民」。

　　在殖民統治下，包括資本家在內的各階
層，迄至九〇年代初期，都無法在政治領域中
展現其政治角色和地位而成為所謂「自為」的
階段，因此，不少人一直認為香港是一個功利

型的經濟城市，只重經濟發展而在政治上充滿
冷感。不過，在港人的日常生活世界中，卻擁
有了自由度相當高的「公共空間」（注14），並且
從其中涵養了港人人格結構中與大陸社會生活
中慣有的「組織性依附」格局不同的特質，凸
顯個人不會過於簡單的順從強制管治。這種具
有香港特色的人格特質雖然在近幾年來逐漸轉
化為政治意識，並且使有些階層努力想成為「自
為」階級，企圖在政治領域中擁有角色和地位；
不過隨著九七的逼近，來自北京的政治力量透
過籌委會和推委會的組織產生，以及中資的大
舉入港，使得港人的政治自覺面臨烏雲蓋頂的
壓力。

　　其實，從港顧、預委和籌委的頒定，以及
現在的特首和臨立會的推選和籌備過程，在在
都可以看出來自北京的宰制力，而這已經使香
港未來政治發展與「程序公正」的要求存在巨
大的鴻溝。香港內部有權勢和富有階層通過向
北京的政治依附，掌握了九七後香港的上層建
築；這樣的政經結盟關係，將是九七後香港政

經運作的主軸機制；可以預見的是，香港其他階層當然會成爲政經運作的非主流，他們想在政治領域中擁有角色和地位恐非易事，而這將很現實的反映在香港「公共空間」的萎縮。

公共空間的萎縮與維持市場競爭機制的企圖是有所衝突的，失去前者的支持，後者的維繫也將充滿脆弱性，這有可能使香港通過長時間運轉所形成的市場制度優勢逐漸流失，這種形勢絕不是中資的不斷灌注所能挽回得了的（注15）。而且，隨著北京不斷強化對香港的宰制力，來自大陸內地官商串聯，藉公權力壓制市場以謀私利的「尋租」浪濤將會不斷衝擊香港（注16），這種浪潮將通過香港富有階層與內地的政經結盟而使得香港政經運轉不斷內地化，董建華獲選香港特首已經具體揭開這種內地化的序幕。從北京對港的宰制心態來看，港人治港只能是形式意涵，很難眞正具有「程序公正」的理性意義。

注釋

注 1：廖瑤珠，〈香港特別行政區的法律制度及其與全國
　　　法律制度的關係〉，黃炳坤主編，《"一國兩制"法
　　　律問題面面觀》，香港，三聯書店有限公司，1989
　　　年，頁八九～九○。

注 2：同上注，頁九一。

注 3：同上注，頁九二。

注 4：同上注，頁九三～九四；九七～九九。

注 5：同上注，頁一一五～一一八。

注 6：萬鄂湘，〈香港在國際條約中的地位轉變〉，同上
　　　書，頁一一九～一二○。

注 7：肖蔚雲主編，《一國兩制與香港特別行政區基本
　　　法》，香港，文化教育出版社有限公司，1990年，頁
　　　一○七。

注 8：同注6，頁一二二～一二三。

注 9：同上注，頁一二四。

注10：同上注，頁一二五～一三三。

注11：林毅，〈香港特別行政區締約及承擔國際責任的問
　　　題〉，同上書，頁一四九～一五二。

注12：同注7，頁二九四～二九五。

注13：Samuel P. Huntington, 'The Clash of Civiliza-
　　　　tions?', *Foreign Affairs,* Summer. 1993, Vol.72,
　　　　No.3.

注14：阮新邦，〈從哈伯瑪斯的溝通行動論看香港「公共
　　　　空間」的萎縮〉，香港，《信報財經月刊》，1996年7
　　　　月，總232期，頁二八～二九。

注15：汪丁丁，〈論香港之命運〉，香港，《信報財經月
　　　　刊》，1996年4月，總229期，頁二二。

注16：同上注，頁二三。

第三章　文明衝突問題

一、杭廷頓文明衝突論的省思

杭廷頓（Samuel P. Huntington）的「文明衝突論」所表現的意義（注1），可能不只在於國際政治研究典範主體範疇從「權力」和「經濟」到「文明」的轉移而已；他雖然沒有揭櫫「後現代」的向度，但卻注意到後現代所表現去中心和去一體化的現象。

資本主義從七、八十年代以降，隨著冷戰結構的解體，獲得進一步的全球化發展，然而

在文明層面上，並沒有形成如西方中心主義者
所期待的：伴隨資本主義的擴張，西方文明應
該具有跨越歷史文化以及民族區隔的放諸四海
皆準，普遍有效的價值體系。不同的歷史文化
脈絡所形塑的文明載體會以各自特殊的途徑來
面對資本主義全球化浪潮的衝擊。如此一來，
隨著此一浪潮的發展，卻使整個世界經濟的發
展，往後資本主義的方向進一步轉折。資本主
義不能以原始呈現的面貌或以西方表現的形
式，毫無條件地強加在非西方的地區，而必須
與不同地區通過其特殊的文明載體進行結合，
促進了各具特色的地方化資本主義發展的現
象；不過，資本主義也通過這種本土化而進一
步具有全球化的格局。而這也就是說，資本主
義的普遍性是通過其普遍形式（如生產者與生
產資料和土地分離）和本土的文明載體相結合
而不斷獲得體現的。因此，資本主義的擴展並
不就是以西方文明爲載體的資本主義模式的發
展，西方也不可能或無權宣稱，其資本主義模
式或經驗可以強加在非西方的不同地區。不

過，資本主義世界體系的發展當然說明，不同
國家或地區不可能抽離資本主義世界體系這個
因素選擇一種相當純粹的非資本主義化的道
路，而必須以通過和資本主義世界體系的結合
作爲現實基礎，不過，這種結合會受到特殊化
的不同地區文明的制約，而這也說明資本主義
與不同地區的文化傳統相會時，雙方的關係是
前者必須以後者作爲承接的載體，而不是剛好
倒過來，後者必須依托前者，甚至被前者所消
融。

　　長期以來，在西方中心主義的制約下，以
西方文明爲載體的資本主義的擴展，被視爲是
非西方地區現代化的必要條件，而非西方地區
是否具有現代性也從其是否接受上述資本主義
模式和經驗來加以觀察，這樣的觀點又從社會
達爾文主義獲得辯護（注2）。在這種向度制約
下，資本主義的擴張被視爲西方文明的擴張，
而西方對非西方地區的利益和權力的擴張更從
西方取向（中心）的文明擴張獲得辯護；反過
來，西方文明的對外滲透也通過西方利益和權

力的擴張來進行。因此，近代以來西方和非西
方的互動，就不只是權力和利益的爭奪，更是
文明的碰撞。傳統的國際政治研究，基本上通
過化約式的典範，將權力和利益作為觀察國際
政治的中心因素，而無法正視文化碰撞對國際
政治產生的作用。這種化約式的研究，通常把
民族的文化、文明價值觀以及形形色色的意識
型態當做權力和利益爭奪的工具或手段。西方
中心的世界觀和歷史觀，本來就是一套意識型
態，是對西方和其他地區文明互動的一種界定
方式。傳統的國際政治研究，大部份基本上自
覺或不自覺的按照西方中心主義角度來進行，
他們對於國際社會環繞著權力和利益爭戰的分
析判準，通常都自覺或不自覺的落在西方文明
優越論的基礎上。可是他們在做分析時，卻又
掉入權力和利益主義的化約陷阱之中。在國際
社會中權力和利益的爭奪，都會看到文明價值
觀以及種種民族文化和意識型態碰撞的痕跡。
儘管杭廷頓有關文化和文明之間的區隔和聯繫
的有關解釋，也許無法令人滿意，而且，他的

分析方式還是屬於現實主義，不過，他畢竟注意到了文明價值衝突在國際政治中的重要性。

其實，杭廷頓很努力地想論證文明是最大範圍的文化認同，它具有跨民族的特性，而跨民族的文明認同是強過以民族為單位的文化和國家認同（注3）。此外，他也很想論證國際間的利益和權力爭奪，必然會通過文明、文化或意識型態來獲得辯護和界定。不同文明、文化或意識型態對於利益和權力的認知價值和意義會有所不同。

當西方的價值觀和權力利益挾著資本主義擴張向非西方地區不斷滲透的過程中，激發了後者的民族主義，而這種民族主義的表現，有的將之奠立在傳統文化的基礎上，有的則奠立在對資本主義的管制和排斥上，這樣一來民族主義就和社會主義相結合，社會主義成為表現民族主義的一種方式，社會主義的訴求在剛開始時，往往被認為毋須訴諸民族文化或歷史條件，而是強調跨民族和國家界限的團結共同對付資本主義和西方挾資本主義以自重所形成的

帝國主義。於是在國際層次上，形成了以社會
主義訴求為主體的對抗資本主義和西方文明價
值的意識型態。而相對的以美國和西歐為主體
的國家，則繼續在西方中心主義的主軸制約
下，建構了維護資本主義和西方文明價值的意
識型態。這兩種意識型態的對抗，其範圍跨越
了文明、民族文化的區隔；各自包括了西方和
非西方地區。

　　在社會主義的訴求過程中，絕大部份的國
家都曾企圖透過與資本主義的一刀兩斷的方式
走自己的發展道路；但是，這種道路都造成了
相當大的經濟難題和危機，迫使這些國家必須
通過改革，逐步重新發展與資本主義的關係。
亦即他們都體認到不可能與資本主義一刀兩
斷，就算要走社會主義，也必須在與資本主義
世界體系維持一定的關係的前提下來進行。

　　此外，在社會主義訴求過程中，前蘇聯曾
經努力地重建以他為主體和中心的跨國家民族
界限的大一統的意識型態；但是，在具體的實
踐層面，社會主義卻必須面臨如何與不同民族

國家的文化和歷史條件相結合的問題，亦即社會主義也必須通過不同國家的文化和歷史條件作爲載體才能展開實踐，這就使不同的民族國家在實踐層面上走上了後社會主義的方向來，實現了社會主義的本土化（注4）。換句話，社會主義的普遍性也是通過社會主義和各民族國家的文化和歷史條件的特殊性相結合而獲得體現的；這就很清楚的表明，社會主義的實踐必須受到不同民族國家的文化和歷史條件的制約。

　　更重要的是，當這社會主義國家體認到不可能與資本主義一刀兩斷，必須重建與資本主義的關係或進入資本主義的世界體系中時，他們所賴以去維護自己的自主性的東西，就是以自己的民族文化爲基礎的民族主義，而社會主義就繼續成爲保證不會受到資本主義世界體系宰制的國家政策；於是，社會主義的主張，不只作爲文化民族主義的化身，更和國家主義相結合。社會主義成爲維護民族國家自主的手段，不過，已不再能作爲民族國家對外尋求聯盟合作的意識形態的判準；於是，屬於相同或

接近的文明範圍或許真的會很微妙的成為區隔
國際未來合縱連橫的相當重要的判準。

　　而在另一方面，就如前述，在原先的資本
主義世界體系中的運轉都朝後資本主義的方向
發展時，西方文明價值的權威遭到挑戰，以宗
教為主要載體並且在不同民族國家的歷史文化
中沈澱內化良久的文明價值觀念和意識型態，
逐漸有形無形的制約不同民族國家對外的互動
行為。

　　在前蘇聯和東歐共黨國家相繼解體，以意
識型態對抗為主體的冷戰結構基本結束後，社
會主義和資本主義就不再是壁壘分明的對立陣
營，其中的成員可能會各自通過文明層面尋求
新的合縱連橫關係。整個國際社會在價值認同
上出現去中心化和去一體化的現象。其實，在
冷戰時代，不管是社會主義或資本主義陣營都
延續精神要求一體化、一致化的真理或價值觀
的傳統，出現了絕對（或單一）中心主義的訴
求。冷戰的結束當然意謂著這種現象的崩解，
這種崩解是否也表示以西方文明價值和政經實

踐經驗為主體的現代情境的解體，以及這種崩解是否表示人類已經從現代向後現代轉折，則是更引人注目的課題。

嚴格來講，近代以來，不管是資本主義或社會主義的形成、發展與擴張，都是和西方文明價值的延伸和擴張有著千絲萬縷的關係，而當不同民族國家在實踐層面上，紛紛走上後社會主義和後資本主義，實現了社會主義和資本主義本土化或地方化的時候，以民族國家為基礎的歷史文化紛紛對潛藏在社會主義和資本主義背後的西方文明價值觀念進行挑戰；值得注意的是，當不同民族國家在更大範圍上想從以宗教或沈澱已久的傳統為主體的大文明作為對外互動行動的依據或辯護時，上述這種挑戰所牽動的當然可能就是相當嚴肅的文明衝突。

不過，更為實際的看法應該是，不同文明背景的民族國家在對外互動行為時，不可能不考慮互動對象的歷史文化條件或文明背景，亦即不同國家必須選擇與互動對象的文明背景的對應關係來表現其國際行為。杭廷頓的文明衝

突論或許看到了上述國際社會形勢的發展，他
似乎想告訴人們，國際社會已經朝去大中心的
方向發展，但是以不同文明為基礎的相對中心
的區隔格局已然形成。這幾個互為相對中心的
區隔格局之間的互動準則是：「不是你壓倒
我，就是我壓倒你」，這種看法透露出杭廷頓仍
然是道地的國際現實主義者，他的文明衝突分
析途徑到頭來仍然注重文明衝突所牽動的權力
和利益的消長變化（注5）。權力和利益的衝突
必須通過文明價值體系來辯護。因此，杭廷頓
只不過要告訴我們說「國際政治≠權力利益衝
突」或「國際政治≠意識型態＋權力利益衝
突」或「國際政治≠民族歷史文化＋權力利益衝
突」，而是「國際政治＝文明＋民族歷史文化＋
權力利益衝突」。杭廷頓不只承認相對中心的
格局，而且更強調不同中心的衝突和競爭；他
一方面強調西方文明圈必須在全球文明價值競
爭中維持優勢，另一方面則強調美國必須在西
方文明圈扮演龍頭和火車頭的角色；這樣一
來，他不只看到不同文明圈的競爭也看到同一

文明圈內部的競爭，這種圈內圈外的競爭屬性
雖然有所不同，但是都按零和方式來進行則是
相同的　(注6)。

　　通過上述的分析，杭廷頓的世界圖景是非
常簡單的，首先是世界按文明背景區隔成不同
文明圈，其次是同一文明圈內又會有不同的民
族文化和經濟圈的區隔，這些文化和經濟次圈
之間如同文明圈之間般按你死我活的方式進行
衝突競爭，而且有可能越過文明圈的制約範
圍，與不同文明圈中的民族文化和經濟次圈尋
求權宜方便式的合縱連橫關係。這種世界圖景
是一種化約式的邏輯非常簡單的圖景，翻開人
類的文明史和權力利益衝突史，我們實在很難
將國際政治簡單的歸結為那一種文明的勝出或
那一方的權力利益的增長。這種解釋的有效性
相對於較長的歷史分析來看，其實是相當有限
的。

　　杭廷頓看到國際社會中的後現代現象，但
是按照他仍然依循國際現實主義的分析途徑強
調美國必須維持領先地位，以及只有美國為首

的西方擁有全球霸權，普世文明才有可能實現，世界秩序才會維繫的看法來看，表示杭廷頓仍然是傳統西方中心主義制約下具有「舊」現代屬性的人，以舊現代性人格想要去分析後現代現象，這是杭廷頓文明衝突論最引人注目的特性和困境。

　　其實，特別是在二次大戰之後，在政經實踐上屬於資本主義的國家或地區，在走上後資本主義方向的同時，都已帶有社會主義的色彩；而反過來，在政經實踐上屬於社會主義範圍的國家或地區，在走上後社會主義的同時，都已帶有資本主義的色彩；這就如前述，社會主義已不再能被視為資本主義外的人類另一種選擇，而且，資本主義與社會主義不再能夠被視為是兩個互相（或完全）對立的範疇。面對資本主義和社會主義時，不再是那一方壓倒那一方的問題，而是在歷經曾經相互否定對方之後，如何重新有機結合的問題；這種結合，不能簡單的歸結為社會主義向資本主義的倒退，或資本主義向社會主義靠攏。而如果資本主義

和社會主義被視爲可以相互證成的話，那麼與
資本主義和社會主義從理論到實踐的發展相關
聯的政經和社會原則可能也必須重新尋求結
合，這將導引總體的人類文明發展演變的方
向。當東歐蘇聯共黨國家解體，以及其他尙未
解體但也正在進行改革的國家經驗來看，純粹
的社會主義很難成爲人類普世文明的主體內
容；而反過來，從資本主義國家必須走上後資
本主義方向來看，與資本主義有著千絲萬縷的
西方文明也很難成爲普世文明的主體。從這個
角度觀之，所謂現代化就很難說是西化，而更
嚴謹的來看，何謂「西化」也越來越難給予標
準化的定義。

　　從近代以來人類的經驗來看，不管是資本
主義或社會主義的形成發展，都是先依托著西
方社會；不過，社會主義到頭來卻成爲非西方
國家抗拒資本主義全球化擴張的辯護基礎，而
且增添了許多非西方國家的意義和內涵；同樣
地，資本主義也通過非西方國家的實踐而增添
了許多非西方國家的意義和內涵。今天，資本

主義和社會主義不再需要和西方近代的實踐經
驗相結合，不再需要以西方爲依托。資本主義
和社會主義已經從西方的文明和經驗中游離出
來，因此，資本主義和社會主義的重新結合和
相互滲透，西方無法再宣稱擁有主導權和優先
權，這種主導權也已從西方被游離釋放出來。
而由於資本主義和社會主義的重新結合和滲透
所牽動的是人類總體文明的發展方向，不同的
人類文明地區將會與之形成不同的對應關係，
並且競爭掌握上述結合和滲透的主導權。不
過，這種主導權的競爭也具有不依人的主觀意
志轉移的特性，其演變過程將受資本主義世界
體系核心位置的轉移和那個地區在結構上最能
表現資本主義和社會主義結合和滲透等因素的
制約。

　　未來人類文明的區隔恐怕很難再按宗教或
主體傳統來區隔，人類的文明不管是總體的或
各別的，都正經歷新的洗禮；杭廷頓的現實主
義研究途徑，從傳統權力利益中心轉爲文明中
心，這已明顯的表現現實主義途徑已經幾乎走

完了自我循環的路程；而如果要再往下走的話，恐怕就必須依托一個超越現實的視野來擺脫困境。文明這個範疇從實證的角度來看很難界定，但其實這正是文明的特性，它本來就是似有還無，似無還有；當人們必須重新揭櫫文明這個範疇時，表示在人類舞台上各種爭鋒的訴求都暫時無法引領風騷，而這也表示人類文明正處在重新盤整時期，人類文明必須往前不斷盤整發展，而不是不斷要跌回原先的盤底，杭廷頓以宗教為主浮面的區隔文明，可見其對人類文明的理解是不夠深刻的。

　　當傳統的環繞著社會主義和資本主義的意識型態對峙所形成的冷戰結構解體後，不同的國家地區似乎很難再按原先的包含在社會主義和資本主義之中的原則訴求作為尋求合縱連橫關係依據，民族主義或國家主義成為不同國家地區最基本的防衛機制；不過，不同國家地區都對自身安全和利益顯得格外焦慮，一方面會透過去意識型態化的方式用現實主義的手段在國際社會中爭奪利益或擴張權力，而另一方面

則會通過歷史文化的訴求凝聚內部支持力並且
爲上述的作法尋求合理化的辯護；亦即奠基在
歷史文化的民族主義或愛國主義會成爲不同國
家內政或外交上的主流訴求；但同時爲了獲得
更大範圍的合縱連橫關係，從屬於同一文明價
値體系就會成爲跨越歷史文化後的訴求；於
是，目前現實國際社會的圖景是：一方面不同
國家或地區間會通過現實主義途徑不斷重組既
衝突又合作的現實關係，但另一方面又分別通
過以歷史文化爲基礎的民族主義或國家主義來
做爲各自涉外涉內行爲的辯護基礎，甚至在較
大範圍上以同一文明爲訴求作爲尋求本質上較
爲穩固的聯盟的憑藉。因此，若以此圖景作爲
分析架構，同一文明範圍內的地區和國家間縱
使含有權力和利益衝突，或者會出現不同文明
間的合縱連橫關係，但是國際社會最終極的衝
突到頭來會回縮到以文明衝突的主軸上來。

　　不過，人類社會總體的方向正朝後社會主
義和後資本主義發展，這種趨勢可能激盪出人
類未來何去何從的方向，擁有超越不同國家和

地區各自歷史文化以及文明的區隔的位階。其
實，講得更嚴格些，不管是文明主義、民族主
義或愛國主義所強調的共同體（Community），
都是被想像（imagined）出來的（注7）；這些訴
求企圖以被想像出來的判準當作現實作爲或者
是動員現實力量的辯護基礎。這些被想像出來
的判準，雖具有區隔現實的作用，但同時也受
到現實結構力量的制約。當人們不自覺的因著
文明傳統或歷史文化脈絡生活時算是自在的文
明或文明共同體，只有當文明主義或文化民族
主義或國家主義被訴求時，人們才成爲自爲的
文明或文化共同體；不過，不管是文明或文化
訴求，都無法爲文明或文化給予確實的界定，
文明或文化永遠都具有無限的想像空間和可能
性。文明或文化可以沈澱或轉化爲人們現實生
活世界的組成部份，或成爲人們生活的承載
體，但這並不保證共同的文明或文化可以當然
的作爲區隔人群的具體判準。而且，以文明或
文化沈澱或不斷俗化所形成的生活世界那？如
何回應外在的種種互動因素，是一個複雜的過

程，宣稱知道這個過程的主張或論述，其想像
的成份也永遠多於實際的成份。亦即，文明或
文化確實可以不斷轉化成人們的生活載體，或
作為人群回應外來種種因素介入的母體，但是
這種過程的複雜性遠超過人們的想像和論述之
外。任何有關的想像和論述，可能都只是揭開
這些過程的一些可能性，但也可能是一種化
約。因此，以衝突融合或想像等角度來說明文
明或文化的互動其實都無法呈現上述複雜的過
程，這些角度嚴格說來都是一種概括，當然也
可以說是一種化約。不過，正因其概括和化約
性，更鮮明地凸顯其想像性，杭廷頓的文明衝
突論，其實也是一種想像，他企圖透過這種想
像，重新區隔人類，並且為以美國為首的所謂
西方文明要求繼續擁有宰制地位作出辯護。

二、九七後香港、大陸與西方
　　的關係

　　面對香港，北京除了通過訴求要求香港與

北京形成一致的政治認同外，還通過歷史文化
訴求，建構一套文化民族主義，以作爲要求香
港政治認同的辯護基礎。不過，北京有關主權
的主張或文化民族主義的訴求，也具有對抗資
本主義全球化趨勢的意義。隨著主權的回歸北
京，雖然香港在政治上從屬於北京，可是隨著
這種形勢移轉的是，資本主義全球化力量將進
一步衝擊滲透中國大陸。長期以來，北京一直
以工具性角色定位香港，這種心態充分暴露在
《基本法》之中，一方面想利用香港資本主義
的力量，但另一方面又想方法設法要管制防止
香港資本主義在價值層面上對中國大陸社會人
心和上層建築的衝擊。而從九六年中共十四屆
六中全會北京仍然通過有關精神文明建設的文
件可以看出，北京在鄧後仍然會將防止管制所
謂資本主義價值當作主要的意識型態工作或思
想政治工作。香港在九七後主權回歸北京，北
京一方面允許其繼續維持資本主義的同時，在
另一方面必然會將香港列爲管制資本主義價值
的重要對象。香港的資本主義運作雖然依托著

英國式的法制，但更依托著中國人的生活倫理
習俗，這樣的資本主義對於中國大陸的滲透力
還比其他依托西方的倫理習俗的資本主義來得
大；況且，香港資本主義更可以通過資本的移
往中國大陸，對中國大陸形成遠超出北京想像
之外的滲透力。

　　其實，隨著近百年外向型的經濟和文化運
轉，香港的文化很難單純的被定義是中國的；
中國、西方、英國等各種文化或文明價值非常
複雜擁擠的滲透香港，北京能否通過所謂同一
中國文化替香港建構政治和文化認同的基礎，
這可能不是北京所想像的那麼簡單。

　　北京對香港的主權訴求是依托在文化民族
主義之上；因此，並不是北京的主權訴求可對
抗資本主義全球化勢力的衝擊，而是文化民族
主義。不過，北京的文化民族主義當然就如前
述是通過想像形塑工程建構出來的，其對於依
托西方文化或文明價值的資本主義勢力可能會
具有高度的針對性，但對於以香港作為中介環
節的資本主義全球化勢力其針對性恐怕就會低

得很多。

北京通過文化民族主義訴求要求香港對北京能有文化認同和政治認同；但是，就如前述，北京又把香港當作管制資本主義文明價值的重要對象，對香港的文化和文明屬性作出區隔；這固然顯示北京對港的工具心態，但同時也暴露出北京對香港屬於文化和文明層次的界定認知圖景的不一致；一方面當北京對香港作出文化民族主義呼喚時，香港似乎是與北京屬於同質的文化和文明屬性，而另一方面當北京在強調要加強精神文明建設時，則又將香港劃出與北京不同屬性的行列之外。

香港歷經百年的被殖民統治，包括美國在內的西方國家似乎已願意將其視為西方文化和文明價值氛圍籠罩的地區，而且也期望其繼續擁有這個被認定的屬性；目前西方仍然對香港寄以期待，主要是因為北京聲稱願意在港實行一國兩制；西方相信，如果北京願意真正落實一國兩制，那麼香港繼續屬於西方文化和文明氛圍領域的情況就不致於有所改變，這將符合

西方的利益。其實，細究起來，北京在港實行
一國兩制，應該也是顧慮到對香港作出主權要
求會被西方視爲要走了一塊屬於西方文化或文
明籠罩的地區。站在西方的立場來看，當然不
只希望香港能繼續留在西方文明領域，而且能
夠通過主權回歸北京對中國大陸進行文明的滲
透。香港夾在北京和西方之間，若按杭廷頓的
觀點來看，是否引發所謂文明的衝突或成爲文
明衝突的地區，是一個耐人尋味的問題。

　　西方文明的某些特質，例如具有相當歷史
傳統的現實功利主義和對法制的強調等等，在
香港非常微妙的和中國人生活倫理習俗形成非
常特殊的結合；而且西方自由主義傳統相當強
調的公共領域（public sphere）也相當引人注目
的存在於殖民時代香港的市民社會，這種公共
領域的存在其實已經成爲港人生活依托所在
（注8）；其實不只是北京很難將香港的定位成
是屬於單純的中國文明領域，西方恐怕也很難
把香港定位成屬於單純的西方文明領域。當
然，北京可以從相當特殊的後殖民的角度並且

從歷史層面要求香港形成北京取向的文化和政
治認同，但是港人要重建其文化和政治認同其
實相當不容易，而且這個問題甚至會成為港人
最感迷惘和矛盾的問題。

在歷史情感上，港人當然可以通過北京取
向的文化民族主義尋求文化和政治認同；但
是，隨著這些認同而來的可能代表著原先港人
作為生活依托特別是公共領域的喪失；其實，
從政治經濟上要求香港穩定繁榮出發，港人仍
然可以相當實際承襲其在殖民時代所形成的生
活方式，建構較具自由主義色彩的文化和政治
認同，而如果北京的政局在鄧後沒有多大變化
的話，這是北京所無法容忍的。但是，北京若
無法深刻的體認香港被殖民的特殊殖民經驗，
而硬要港人形成單向的以北京為取向文化和政
治認同，排除任何自由主義色彩的注入的話，
恐怕是相當違背現實而且是相當抽象的。

隨著主權回歸問題的逼近，從八十年代以
來港人在重新追尋文化和政治認同問題上表現
相當的焦慮和無奈，類似周星馳式的無厘頭電

影相當程度能夠反映港人的這種內在心裡世
界，虛無與誇張，現實與反現實，無奈與掙扎
以及反深層主題探討等成為香港娛樂消費工業
的主流。

　　北京如果不願同情的瞭解香港百年被殖民
的經驗，而要求香港以一刀切的方式重建其文
化和政治認同，這是太過漠視香港百年來的特
殊經歷；北京這種太過現實主義的作風基本上
有可能反而會造成適得其反的效果。香港主權
回歸中國這是沒人能夠反對的事情，但是文化
認同的重建絕對不能以一刀切的方式來進行。
更重要的是，隨著北京從八十年代以來的改革
開放，北京在向後社會主義轉折發展的同時也
與世界範圍的後資本主義趨勢相結合，北京從
八十年代以來就已經進入一個不同於以前的歷
史階段：在維持社會主義的基本形式和結構的
前提下，必須和資本主義全球化或世界體系維
持有機關係或進入資本主義世界體系的秩序範
圍之中。北京和香港關係在九七後的重建，其
實是屬於這種歷史階段的重要環節，北京不能

一方面在經濟上要利用香港，但另一方面又在文化和價值層面上把香港視爲異端；北京必須尊重香港在資本主義世界體系的角色，把北京和香港後九七關係的重建，視爲中國進入資本主義世界體系秩序範圍中的重要步驟和環節。

此外，包括美國在內的西方國家其實也趁著香港在九七主權移轉，重新與英國爭奪對港的經濟和文化影響權；其中最主要應該算是美國式文化和英國式文化之間的競爭，其中尤其是美國挾著龐大的文化工業早已不斷衝擊香港，香港不管是流行文化或精英文化早就和西方特別是美國連成一氣；北京把香港視爲對資本主義文化或文明價值管制的重要對象，其實也隱含了與資本主義世界體系的核心國家或地區競爭文明主導權的意涵。北京在改革開放重新進入資本主義世界體系後，就不斷有意無意地希望或強調世界經濟核心能往中國大陸移轉；北京與西方國家或地區，不只是在競爭經濟主導權，同時也在競爭文化主導權，而以歷史爲基礎的文化民族主義或以主權訴求的政治

　　民族主義就成爲北京抗拒西方經濟和文化影響
滲透力的重要手段。不過，若按杭廷頓的定義
來看，北京對於較文化涵蓋範圍更大的文明價
值訴求則顯得相當小心和曖昧，這表現在北京
對所謂中華經濟圈態度的曖昧上。

　　　北京以文化和政治民族主義抵抗西方在文
化和經濟上的競爭壓力，但同時又非常小心的
避免成爲西方圍堵的對象。西方國家的中國威
脅論，不只點出了北京通過改革開放對西方所
造成的競爭壓力，而且也點出了西方希望通過
共同文明基礎形成對應中國大陸改革開放所代
表的非西方文明價值效應擴散形勢的聯盟關
係。在北京與西方這樣的關係中，香港到底要
扮演銜接雙方的角色，或者夾心餅乾的角色，
端視北京能否體認香港主權回歸北京的結構和
歷史意義。而不管被北京視爲西方文化和文明
價值力量滲透的橋頭堡或者是被西方視爲已成
爲中國威脅西方的一個環節，對於香港的經濟
發展都非常的不利。北京應該有大格局的眼
光，體認尊重香港不管在經濟或文化上的開放

性，繼續讓香港成為各種文化或文明價值力量的融爐，如果香港無法繼續擁有這種角色，恐怕也就是香港文化和經濟生命力萎縮的時候。

其實，嚴格來說，當人類正邁向後社會主義和後資本主義方向發展，不但西方無權也不能用一套標準化的判準來期待要求香港的文化發展方向，就連北京同樣也很難用一套相對西方的判準來期待或要求香港的文化發展方向。訴諸中國歷史所形成的文化判準，如果再仔細進一步追究下去的話，其實也會顯出感性重於理性的特質，甚至很難具有明確的內涵。北京從改革開放以來，其實就已經逐步地使中國大陸置身於人類邁向後社會主義和後資本主義的試驗場域之中，後九七的香港將成為這種試驗工程的核心。中國大陸歷經社會主義甚至毛澤東的民粹主義式共產主義的實踐，重新要進入資本主義世界體系的秩序範圍之中；而香港歷經百年的資本主義實踐，卻重新在政治上要被置於號稱仍然堅持社會主義基本結構的秩序範圍之中；因此，後九七的香港關係，或香港與

大陸關係絕對不是主權的移轉所能解釋得了
的。後九七的香港會往何處去以及在受到香港
衝擊下的中國大陸到底將何去何從，不只對中
國大陸、中國人有意義，甚至對人類思考未來
方向也具有啓發意義。

　　後九七的香港，基本上並不是以一個蕞爾
小島回歸北京，而是承載了資本主義世界體系
的力量去面對北京和中國大陸。此外，從歷史
特別是因著八十年代改革開放已然形成省港經
濟圈，後九七的香港，不只承載資本主義世界
體系力量，更是承載省港經濟圈的力量面對北
京。後九七的香港，很有可能進一步以省港經
濟圈爲後盾，帶動中國大陸西南甚至東南經濟
圈的發展，與以長江流域爲腹地奉上海爲龍頭
的經濟圈或中國大陸其他經濟圈鼎足而立；因
此，九七後中國大陸經濟圈有可能更加明顯的
被區隔成形，北京其實在經濟上，從而在文化
和政治上並不是如想像中的可以鐵板一塊的方
式來對付香港。講的更具體點，就連在文化層
面上，香港不只承載了西方文化和文明因素，

而且也承載了省港文化體;後九七的中國大陸
和香港之間,也會出現以上海、北京等重要城
市爲代表的區域文化和省港文化的爭鋒;九七
後也是中國大陸進入鄧後的時代,中國大陸在
文化上去一體化的現象將更形明顯,而在這種
情況下,北京到底要以什麼取向來建構文化民
族主義從而要求香港認同,恐怕不是件容易的
事。以北京或上海甚至中國大陸其他地區爲中
心去建構文化認同體系恐怕都很難符合後九七
以及鄧後時代中國的現實。

　　依《基本法》的設計以及對於特區行政首
長和臨立會的操控,北京在政治向度上幾乎沒
有給香港有什麼特別的剩餘權力空間。尤其北
京宣稱其政體是單一制,更不允許香港在政治
層面上與北京就剩餘權力討價還價。不過,香
港與北京在九七後的關係恐怕不是依《基本法》
或九七前北京的操控所能規定得來的,還必須
待九七後雙方的具體互動實踐才會不斷成形,
亦即香港當然不能用所謂聯邦制來界定,不過
也很難依所謂單一制來說明,京港關係模式是

個仍待實踐才能逐漸明朗化的事情。而且，儘
管《基本法》在文化意識型態層面，也對香港
作了相當程度的防患；不過，在文化和意識型
態層面，香港相對於北京，可能還是可以擁有
比純粹政治層面來得更大的自主性。北京在政
治層面上要求與香港具有主從關係，但這不代
表北京有這種能力和條件同樣在文化和意識型
態上作出同樣的要求。後毛澤東時代，北京因
著種種歷史和政治邏輯的考量，與各地的政治
經濟關係，其實是採取特殊主義（講通俗點叫
做因地制宜）的途徑，而不是採取一體通用的
方式行之（注9）。後九七後香港主權回歸北京，
又替原本就已相當複雜的中央與地方關係注入
了新的變數，在九五年的十四屆五中全會和北
戴河中央工作會議，中國大陸各地就曾就經濟
特區的角色產生過激烈辯論，這種反特情結一
直持續著，而香港在九七後擁有比大陸內地經
濟特區更特的地位，很有可能成為大陸人民反
特情結的標靶。在九七前，大陸各地對於香港
擁有比特區更特的地位，因為尚未實踐當然可

能可以忍受，可是在九七後，進入正式實踐階
段後，大陸內地對香港特殊地位能否忍受就相
當引人注目。不過，更值得注意的是，九七後
大陸各地可能一方面對香港相當眼紅，而另一
方面則會競爭與香港建立合縱連橫的政治經濟
關係，從而使香港更進一步捲入大陸內地複雜
的政經關係中，其中尤其香港將在九七後挾著
其龐大的經濟力量，通過省港經濟文化政治體
進入北京的中央政治漩渦中，北京的中央政治
中的香港現象將會成形；其實，北京的一國兩
制也隱含著防止後九七的香港在政治上擠入北
京中央政治主流或帶動大陸政經發展的趨勢。
因此，九七後香港主權回歸北京，香港與中國
大陸之間不只存在經濟優勢的競爭，也存在著
文化和政治優勢的競爭，這對於中國大陸在九
七前的政治、經濟和文化版圖、圖景和結構都
將造成撞擊，中國大陸政治、經濟和文化各層
面多頭馬車的現象也將出現。

　　而反過來，九七後香港與大陸內地的經濟
關係如果能夠有機會辯證結合起來的話，當然

可以指導香港和中國大陸在資本主義世界體系
中的角色；不過，這必須以前述北京能體認並
且尊重香港在九七前百年歷史經濟為前提條
件。如果能這樣香港才能維持甚至發展成為世
界金融航運中心的經濟地位，從而使香港也能
繼續在兩岸經濟、文化甚至政治關係中扮演中
介的角色，徹底實現九七後香港的繁榮穩定。

　　九六年釣魚台風波牽扯出的問題，似乎已
超過各界所能想像的空間之外，其中夾雜著國
際現實主義、民族主義以及族群內部爭取政治
正當性等複雜的變數。

　　原先有不少人都在靜觀北京是否會在釣魚
台風波上有較大的表態或行動，但事情發展的
結果是北京表明不贊成港台某些團體人士的保
釣行動。北京在後毛時代，為了蓄積人民支持
改革開放的大旗，並且很微妙的運用了民族主
義；不過，鑑於反思大躍進和文革的路線方向
的錯誤，以及面臨收回港澳，而被迫在策略訴
求上逐漸回到中國傳統主流的向度上來（注
10），這可從北京對香港問題的種種重要講話，

甚至從北京近年來涉台問題中頗為重要的江八
點中都不斷策略性的提到中華文化和中華傳統
看出端倪來。中國文化和傳統已經成為北京重
建後文革時代政治民族主義的籌碼，這種動作
在八九年天安門事件後表現得特別明顯。

　　而與北京政治民族主義內涵相呼應的是，
北京在後毛時代的外交政策，也逐漸回歸到國
際政治現實主義的方向，擺脫過去標榜無產階
級國際的路線；因此，八〇年代以來，北京的
對外作為不斷向資本主義世界體系中的核心地
帶滑坡和傾斜，第三世界或其他相對落後地區
實質上只成為北京和上述力量相處或討價還價
的籌碼。我們如果翻開八〇年代以來的中共外
交史，就可以赫然發現北京對資本主義世界體
系中老牌的核心國家，態度幾乎從來沒有真正
強硬過。改革開放前的打破現實國際體系的「理
想主義」其實早已被北京拋諸腦後，整個改革
開放的過程只是不斷驅使北京更進一步服膺國
際現實主義。

　　香港在面對北京後文革時代新的政治民族

主義的訴求，基本上會遭到下述的弔詭。在一
方面，從後殖民的角度，香港要擺脫英國殖民，
在大結構上很難在政治認同上不回歸中國，這
自然會產生鞏固北京新的政治民族主義的效
果；但在另一方面，為了確保香港在後殖民時
期維持相對於北京的經濟和政治上的一定自主
性，港人意識又必須進一步獲保，並且具體加
以落實發揚，而目前香港民主派人士出面挑下
新的保釣旗子，其效果是直接衝撞北京現實主
義的外交路線，以凸顯港人是有能力促成新的
中國民族主義內涵和方向的，這也會挑戰北京
政治正當性的基礎；從這個向度來看，港人的
保釣無法獲得北京支持是可以理解的，而香港
民主派人士這番作為能否增加其與北京政治互
動的籌碼，就要看這番作為能否真正抓住了港
人自覺意識以及伴隨著港人自覺意識抬頭的市
民社會的主導權。

　　台灣在後蔣時代的政治發展過程中，基本
上也逐步的在重塑新的政治民族主義，而其內
涵已不再係過去非常單一的奠立在中華文化和

傳統之上，注入了包括本土文化在內的多元因素；雖然新的政治民族主義典範未必建構完成，不過，與傳統主流文化有所歧出的現象是明顯可見；而且，為了掙脫中共霸權的束縛，台北的外交政策也走上了空前現實主義的方向。先前漢賊不兩立的原則已然淡化。面對釣魚台問題，台北所面臨的問題是，保釣到底是要體現比較傳統意義的中國民族主義，還是新的政治民族主義，如果走第一種方向，保釣可能淪為替北京添嫁妝並且落入西方反中國威脅的效應範圍內，而如果走第二種方向。又怕重新激起內部族群之間新的民族主義路線爭論。台北目前在兩岸關係大結構的制約下，為了爭取生存的國際籌碼，似乎將繼續朝更為現實主義的方向邁進，但是支持這種方向所需要的民族主義基礎到底如何建立，卻會面臨諸多內在結構的制約；從舊保釣到新保釣，活生生的反映刻劃了台灣政治發展的現實變化，到底這種方向將伊於胡底，歷經這次新保釣風潮後，台北或許更能從中獲取一些更現實的體驗和啓示。

注釋

注 1 ：Samuel P. Huntington, "The Clash of Civiliza-
tion?" ,*Foreign Affairs,* June 1993,pp.42-9.

"The West: Unique, Not Universal", *Foreign
Affairs,*November/December, 1996,pp.2ʮ-46.

注 2 ：Prasenjit Duara, *Rescuing History from the
Nation: Question Narraaives of Modern China,*
The University of Chicago Press, 1995,pp.20-3.

注 3 ：王緝思,〈文明衝突論的理論基礎與現實意義〉,
《中國社會科學季刊》(香港),一九九四年五月,
第七期,第22頁。

注 4 ：阿里夫‧德里克,〈後社會主義—對"中國特色的
社會主義"的反思〉,李君如、張勇偉編,《海外學
者論"中國道路"與毛澤東》,上海社會科學出版
社,第302-303。

注 5 ：同註3,第22-23頁。

注 6 ：同上註。

注 7 ：Benedict Anderson, *Imagined Communities:
Reflections on the Orgin and Spread of National-*

ism, Verso, 1995,pp.6-7.

注8：阮新邦，〈從哈伯馬斯的溝通行動論香港「公共空間」的萎縮〉，《信報財經月刊》（香港），一九九六年七月，總232期，第28-30頁。

注9：Susan Shirk, *The Political Logic of Economic Reform in China,* University of California Press, 1993.pp.280-329.

注10：蕭功秦，〈民族主義與中國轉型時期的意識型態〉，《戰略與管理》（北京），一九九四年第四期，第25頁。

第四章　九七後的台港關係問題

　　如何因應香港九七主權地位改變對台灣與兩岸關係的影響，暨定位未來台港關係的可能互動模式顯然是台北當前的重大課題。吾人可以簡約地觀察到，從《基本法》(注1)、《錢七條》(注2)，乃至是近期裡香港首任特區行政長官候任人董建華的談話內容裡都明白表示著，北京必將介入，乃至主導九七後作為其特別行政區的香港與台灣之間雙邊可能的互動型態與關係模式的建構；此一現實意涵著，在兩岸關係仍處於停滯僵局的現勢下，除非短期內兩岸互動形勢有明顯的突破進展，否則台、港兩地政府應無可能在97年7月1日以前就雙邊關係之定

位，完成協商，以解決雙方在政治、經濟、文化、社會等官方／民間往來事務，暨兩地人民往來之權益保障諸課題。更進一步言，相同的認識基礎也指涉了，九七後台港關係之可能，勢將難以超逾兩岸關係的結構制約之外。

　　本文試圖就九七後台港關係發展諸課題，提出可資因應的方案對策，並以解析當前兩岸三地政府相互之對應形勢、可能的協商形態、議題的提出，進而模擬推演台港談判的可能情況等諸項為關注的焦點。

一、台港關係的現實與改變

　　優越的地緣區位、高度自由化的經貿體制、完善的基礎公共建設、高素質的人力資源與高效率的行政體系等條件是香港以自身稟賦而得能在近幾年裡成為兩岸之間重要的轉口與中介地位的主觀條件。除此之外，兩岸政府在逐步重建往來聯繫的互動過程中間，雙方雖然

在既定政策原則上有所堅持，但同時也因於現
實而有所妥協的做法也是促成香港成為兩岸重
要中介地的重要原因。

　　從兩岸互動關係的發展歷程可以看出，在
八○年代以前，香港在兩岸之間的角色地位是
以作為兩岸間的緩衝地帶而存在的。這是由於
台北與北京都同樣主張擁有香港的主權，但俱
或因現實的政策考量（注3），或為無力實現該
主權主張下（注4），使得香港現實上長期以來
一直是由英國行使治權的「殖民地」，未曾受到
兩岸之任一方管治，從而也使得香港成為兩岸
之間的「第三地」。在當時，兩岸政府均各自賦
予香港特定的角色功能，特別是凸顯香港作為
兩岸勢力攻防的橋頭堡、前哨站的意義（注5）。

　　八○年代開始，香港在兩岸間的角色地位
開始有了些微的轉變。在北京發表「告台灣同
胞書」（1979年1月1日），開始其新時期的統一
戰線，暨82年9月北京開始與英國進行香港問題
的談判後，北京對香港的認知有了新的統戰意
涵（注6）。不過，台北對北京的回應是宣示了

「三不政策」的立場（蔣經國，79年4月4日），並作爲指導台北對應北京的基本政策原則，這也是台北對北京進行新的對台和平統一政策的消極回應。在當時，台北對香港的體認，大概僅止爲因應中、英香港談判的進行，以任務編組形式於行政院對外工作會報下成立香港小組（83年8月），肆後爲因應中共、英國就香港問題達成協議的可能情勢，進一步提昇該小組地位爲行政院香港小組（84年10月）。

　　台北的「三不政策」在此後的兩岸互動形勢下逐漸遭到考驗。85年7月，行政院宣布對大陸轉口輸出的「三不原則」，默許兩岸民間轉口貿易的行爲；1986年6月，偶發的華航貨機事件促使台北與北京通過香港進行「兩航談判」。到了1987年7月，政府解除戒嚴，同年11月開放民衆大陸探親。在北京強力訴求「三通四流」聲中，「三不政策」至此因於民間實質經貿往來與大陸來台民衆的親情需求下逐步鬆動。

　　政府開放民衆大陸探親後，兩岸民間在經貿、文化、社會諸面向上開始頻繁的往來交流

聯繫。吾人可以說，開放大陸探親的政策催化
了兩岸關係在民間交流層次上的加速進展。同
時，也由於政府堅持間接原則，拒絕與北京建
立直接的往來互動的政策限制下，從而促使香
港有機會因於自身稟賦而得能自八〇年代中期
以來，在兩岸特定時空情勢下逐步扮演並加重
其中介地位的角色與功能。

　　從前述的觀察脈絡裡可以看出，香港今日
成為兩岸重要的中介地的主要促進力量不在於
兩岸政府的刻意形塑，反倒是因於兩岸政府各
自堅守既定政策與兼顧現實下，兼以香港自身
的稟賦條件而有以致之，這樣的發展過程使得
香港在兩岸互動的關係結構中，客觀上具備脫
出兩岸政府期待之外的主體性。

　　不過，可以預見的是，九七的到來將使香
港現在相對兩岸之外的主體性受到衝擊。九七
之後，北京對香港在兩岸關係架構中的角色已
見其規定與限制（注7），未來香港特區主事者
在台港關係議題上的自主空間有限。同時，北
京對香港的規劃顯然也不容台北在政治上繼續

視香港爲兩岸間的「第三地」。吾人可以預見，
九七後台北將很難避免北京要求進行直接對話
與直接往來的壓力，特別是北京猶有可能以九
七後台港關係的構建爲籌碼，要求台北將「三
通」提入時間表內，作爲九七後兩岸政府首要
的協商議題。

二、台港關係運作現勢與評估

　　長期以來，台北的駐港機構均依據香港的
「公司法」向港府註冊登記，台北駐港人員從
未享有外交人員的禮遇，與港府之間當然亦無
正式的公務往來關係。而唯一例外的只有中華
旅行社；在港府的默許下，中華旅行社未辦理
公司登記，且代表台北駐港辦理領事業務。
　　在香港方面，港英政府未曾在台設立任何
形式的代表機構，在內部亦未建置任何正式的
機構專責處理對台關係事宜。從表象上來看，
港英政府是以消極漠視的態度處理台港互動事

宜，不過，更確切地仔細理解，這應是作為殖
民地的港府無從具有自主的對台政策所使然。

　　港英政府處理涉台事務的工作主要是由港
府的政治顧問與中央政策組負責，而實際指導
港府對台關係的真正決策者，則是政治顧問背
後的英國外交部；在現實裡，港英的台港關係
向來是依附在英國對台政策的整體規劃下被考
慮的，作為殖民地的香港從未獲有處理台港關
係的決策權。

　　也因此，現時英國管治下的香港所認知的
台港關係模式，無疑地與英國的立場是相一致
的，即香港與台北的關係視同英國與台北的關
係一般；雙方雖無外交承認，但無礙台港關係
適用以國際規範、國際慣例及國際法等國際關
係運作機制解決台港雙邊往來與人民權益保障
諸課題。在台北方面，台北看待台港雙邊互動
運作機制的見解與英國也是基本相同的，其除
開因於對香港主權主張的限制外，台北承認香
港現實上是英國管治下與台北分屬不同法域管
轄的實體，適用依國際慣例及相適應的法律衝

突（國際私法）原則處理雙邊關係運作事宜。

不過，九七的來臨顯然將根本地衝擊現行的台港關係的運作與定位。九七之後，香港是北京恢復主權行使下的特別行政區。在北京向來設想以「一個中國」的框架作為兩岸關係的基本原則下，九七後北京顯然不會接受台港關係適用現行國際關係的運作機制。

當然，北京不接受九七後台港關係適用現行國際關係的運作模式並不意味北京能夠單方面規定九七後的台港關係運作。台港關係運作機制的主體是台北與香港兩方，在九七之前，北京對台港關係互動現狀只能「關切」，無由介入；在九七之後，北京雖因收回香港，行使主權，從而取得在台港關係的發言地位，並限制香港在台港關係中的角色地位，但這並不能意味北京得以就此完全取代香港在台港關係結構上應有的主體地位。特別是，九七後香港之於北京，是港人治港，高度自治的特別行政區，香港在台港關係的利益上未必與北京一致，而北京亦未必得能完全掌控香港對台港關係的主

張。

　　此外，從台北的角度來看，台北設想九七
後的台港關係向來是放在兩岸關係的認識架構
下理解，此可由陸委會港澳處是專責處理台港
事務的政府組織建制中得知。就現勢來看，台
北是以「一國兩區，兩次區」或「一國兩實體，
兩次區」的概念，並因循《兩岸關係條例》的
區際關係的概念，以單邊立法的形式制定《港
澳關係條例》來規定台港關係。同時，台北也
尋求與北京協商九七後的台港關係互動諸議
題。

　　不過，吾人以為，台北現在對港澳關係的
立法政策似乎存有盲點。長期以來，台北困宕
於「統獨爭議」，兼以北京對台一貫的堅定立場
與強硬主張下，台北在對待北京的政策立場上
向來存有發展和保留政策解釋空間的模糊地
帶。北京在主權問題的強硬主張雖在相當程度
上制約台北的政策形成，不過，台北因於內部
的政經發展情勢以及在國家認同的共識基礎不
斷擴大下，顯然能夠提出更明確的主張，要求

北京尊重台北從未從屬北京主權管轄下的主權
國家地位的事實。

　　就九七後的台港關係而言，台北內部現時
因循《兩岸關係條例》的區際關係概念下擬議
的《港澳關係條例》顯然未具前瞻性，同時在
條例內容上也似乎過多地受到九七後香港主權
地位的改變的影響，自我設限，而未能兼顧維
護今日台港之間視同國際關係的運作現狀。吾
人認為，在研擬國內法律性質的《港澳關係條
例》上，台北有必要拋棄過去因於對內的政治
妥協的考量，而進一步釐清與北京在香港主權
問題上糾纏不清的狀態，並至少以準國際關係
的定位看待九七後的台港關係。

三、九七後京港關係的發展與
　　 可能

　　北京與香港之間主權關係的改變雖然直接
衝擊香港政治經濟社會文化諸面向的發展，不
過，此一變化亦勢將影響未來（北）京（香）

港關係內在互動結構的發展，這也是吾人探討
九七後的台港關係之前不能忽視的一個重要變
項。

　　北京爲保持香港的繁榮和穩定，在所謂「考
慮到香港的歷史和現實情況」（注8）下，以「一
國兩制」政策，在社會主義國家內以國內立法
的形式，規範在特定地區內實行資本主義制度
的做法雖然被視爲一大創舉而深受各國矚目。
不過，對北京而言，其「一國兩制」政策能否
被證實可行且不致於對社會主義國家主體帶來
結構性的改變，看來會是一項高難度的挑戰。

　　吾人認爲，北京以「一國兩制」收回香港
主權的做法雖然實現「國家統一與領土完整」，
不過，在香港作爲全球資本主義體系內的一個
重要環節的現實下，北京收回香港，置香港爲
其社會主義政權體制內的一個組成部分，並維
持香港實行資本主義制度的結果，在相對意義
上，卻已意涵著資本主義全球化發展趨勢對北
京的「滲透」。

　　這樣的「滲透」是否會引起北京領導人的

疑懼，從而改變北京原先承諾實踐「一國兩
制」、「五十年不變」的決心呢？吾人認為這種
可能性是存在的，它包括如下的觀察。

　　首先，從《基本法》來看，對香港行使主
權的北京與高度自治的香港特區之間的關係顯
然是一種很特別的「國內關係」，甚至應被稱為
「準國際關係」。

　　《基本法》規定香港特區有獨立的司法權
與終審權（第2條），保持現行的法律、經濟、
社會制度不變（第5條，第8條），有立法權（第
17條），北京的全國性法律除《基本法》已規定
外，不在香港特區實行（第18條），中國各省市
地區的機構、人民進出特區須經批准，並遵守
特區法律的規定（第22條），特區居民身份的認
定依《基本法》規定（第24條），北京不對特區
徵稅（第106條），特區自行制定貨幣與金融政
策（第110條），港幣繼續發行（第111條），特
區保持自由港的地位（第114條），並作為單獨
的關稅地區（第116條）……等多項「自治」權
力。從這些賦予香港高度自治的內容來看，可

以說，九七後北京與香港之間，除了通過《基本法》的法制化聯繫，明白地將屬於國家主權行使象徵的權力，如對特區行政長官與主要官員的任命、外交與國防行為，及其相關權限劃屬北京掌理外，香港與北京之間在其他各領域的往來互動基本上將維持現行運作關係不變。從這個向度來看，九七後北京與香港的互動將會是一國之內兩個實行不同的法律、經濟、社會制度的實體之間的互動關係。

是以，在京、港之間未來可能的實際互動上，九七後除非北京願意僅從狹義的範圍內界定其國家主權行為的行使，否則，在「高度自治」、「港人治港」的客觀現實下，期待兩個實行全然不同的制度的實體之間在「作為一體」的互動過程上沒有衝突發生，看來是不切實際的；即如，吾人已可看到，在九七之前，港英政府與北京之間即無法就香港未來政制問題達成協議。而北京另起爐灶，撕毀「直通車」協議，成立臨時立法會的做法也正顯示了北京在九七後對香港的期待與干預將不會僅止限於簡

單意義下的國家主權行使而已。

　　從認知國家主權的角度來看，九七後北京與香港之間在實踐「一國兩制」的過程上將很難避免衝突的發生。北京若任由香港「高度自治」，那麼在香港行使主權的成果對北京而言不但只是虛名，香港肯定還將是北京版圖內一塊「深具腐化人心」能力的「獨立王國」；而在另一方面，在高度自治中加入北京主權意志的結果肯定將使港人根本地懷疑北京對香港「馬照跑，舞照跳」「五十年不變」的承諾，特別是，六四之後北京指控香港是叛亂基地的說法，迄今仍然讓港人感到怵目驚心。

　　除了「一國兩制」在香港的具體實踐問題外，九七後香港對大陸各省、市、地區的直接影響也是北京很難規避的一道難題。它包括有下列的可能。

　　1.對「一國兩制」的質疑與期待：北京在香港實行「一國兩制」的做法顯然將使北京面對內部各省市地區時很難自圓其說，解釋何以基於「歷史與現實情況」，在一國之內，香港可以

實行資本主義，享有高度自治的政策優惠而其
他的省市地區不能比照的質疑。特別是，在大
陸地方諸侯近年來向北京要求「放權」之聲的
日益高漲之際，地方諸侯以香港為張本，要求
北京放權讓利的壓力相信會日益增高。

　　2.向香港學習與靠攏的影響：在九七以
前，大陸人民對東方之珠已有高度憧憬之情，
九七的到來客觀上將促進香港與大陸內地更加
頻密的往來交流。通過往來交流，香港的經濟
成就現實對大陸人民的影響是可以想見的。北
京雖然通過《基本法》第22條的規定（注9），企
圖控制香港與大陸內地交流互動日趨緊密的發
展趨向，不過，在改革開放已日益走上「易放
難收」之際，北京意欲控制香港與內地的互動
交流的發展速度在現實上顯然不容易作到。

　　除此之外，「省港合流」更將是北京面臨的
重大課題。在現時裡，廣東即得利於政策優惠
之先，成為率先響應鄧小平的不要怕小部分人
先富起來的地區，同時，也因於地緣位置、經
濟發展與文化心理的影響等因素，近年來廣東

亦敢於直接衝撞北京的政策，成為北京處理與
地方關係的頭痛角色。香港九七後，廣東因於
語言、文化、習慣與地理位置等因素，顯然會
與香港在平時已經頻密往來互動的基礎下，進
一步地在經濟發展、社會生活，乃至在政治需
求上出現日趨合流的走向，而九七後香港與廣
東之間的界限也將愈來愈難以區分。對廣東而
言，「省港合流」至少將增強廣東在中央地方關
係問題上與北京討價還價的籌碼；對香港來
講，與廣東合流所形構的勢力將有助於抵擋北
京主權意志在香港的實踐。這樣的趨勢相信會
令北京感到寢食難安的。

　　在北京看待廣東已日益感到難以駕御之
際，香港與廣東合流的結果勢將對北京構成強
大壓力，其不僅促使北京在政策路線上不能忽
視這塊「藩鎮」的可能反應，同時，在大陸其
他各省市向來以廣東與北京的互動作為其面對
北京的重要指標下，「省港合流」的結果對大陸
其他各省市而言，相信亦將具有高度的啟示意
義。

　　此外，在「省港合流」下，大陸東南經濟圈也將日趨具備脫出北京意志主控外的條件，而香港在這塊以經濟發展現實條件自然形構的經濟圈中，自然扮演首要的領導角色。吾人可以預見，在鄧後北京中央集權能力日益弱化的情勢下，香港已然具備走出北京規定之外的角色地位的可能。

　　對北京而言，北京設想以「一國兩制」收回香港的同時，未必得以預見九七後「一國兩制」下的京港關係存有前述諸多的可能發展情勢，而九七的到來使得北京必須立即面對解決這些發展情勢下的潛存難題。九七對北京的意義，看來會是矛盾交錯的，而非僅止收回主權的歡欣鼓舞的心情。

　　綜合前述，吾人認為，解析九七後兩岸三地可能的互動發展態勢的研究基礎應該包括諸如前述對台港關係與京港關係兩條軸線的發展形勢的研究認識，而這兩條軸線現勢裡正呈現相互交錯影響且相互辯證發展的態勢。對台北而言，台北應確實體認到，現行置台港關係於

兩岸關係結構制約下的政策思路必須涵括對京
港關係辯證發展趨向的深入認識。更進一步
言，如果台北架構台港關係的政策思路無法涵
括對京港關係發展向度的認識，則其結果，不
僅台北將無從預判台港關係結構的形勢發展，
在未來的兩岸關係互動上，台北亦勢將欠缺主
導兩岸關係發展的能力。

此外，就台港關係之於北京的角度來看，
作為全球資本主義體系內成員的香港在國際經
濟往來互動向來具有經濟自主權，北京收回香
港，不意味北京就此獲得主導香港經濟自主權
的能力，而台港之間長期以來存在的經濟往來
合作的自主性機制當然亦非北京所能全盤控
制。九七之後，除非北京不惜代價立意貫徹己
意，否則以北京在台港關係運作中居於「第三
者」的地位下，客觀上將很難有效地干涉台港
關係的自主性機制。當然，吾人可以預期的是，
如果北京強加己意對台港關係進行干涉，則其
結果雖不免將令台、港兩地俱付出重大的經濟
代價，不過，北京亦未必承受得了破壞香港繁

榮與穩定的代價。

四、政府因應台港關係形勢的
　　政策評估與策略

　　在討論政府如何因應九七後的台港關係課題之前，吾人有必要先行就北京與香港兩方所體認的九七後台港關係形勢，及其主張的政策立場進行評析，此應有助政府研議九七後的台港關係政策的參考。

　　現時北京對九七後台港關係運作的基本立場與政策主張應仍以95年6月錢其琛代表中共國務院宣布的《錢七條》為本，此一基本原則與政策立場並未因去年以來兩岸關係交惡而改變（注10）。

　　吾人就《錢七條》的內容簡約地解析歸納有下：

　　1.北京主張九七後的台港關係從屬在兩岸關係的結構形勢下考量，不允許九七後的台港關係模式超出兩岸關係的結構現勢之外（注

11)。

2.北京規定香港與台北協商雙邊關係事務時，必須由北京代表處理，但保留在北京指導下由香港特區政府與台北協商雙邊關係的可能（注12）。

3.北京規定香港與台北進行任何形式的雙邊接觸往來、商談、簽署協議和設立機構前，均須獲得北京的同意，但允許或由北京專案授權下，或直接由特區首長批准下進行協商的可能（注13）。

4.北京主張九七後台港海空航線，必須依「一個中國」的原則處理，即屆時不准台北機、船懸掛國旗進出香港（注14）。

5.北京規定台北駐港機構與人員在「一個中國」原則下，可以繼續留存（注15）。

6.北京規定香港各類民間團體與宗教組織不允許與台灣同性質的團體與組織建立從屬關係。

7.北京承諾九七後台港雙邊民間往來的交流關係，包括經濟文化、人員往來、就學、就

業、定居等，依香港特區法律規定辦理，維持
現行運作機制不變。

8.北京承諾台港雙邊現行貿易投資等工商
活動及其正當權益，依法保障。

此外，從北京對台工作領導人及相關的涉
台部門主事者近期裡就兩岸與九七後台港關係
的言論中（注16）可以歸納出，現時北京處理九
七後的台港關係所抱持的政策立場是：

1.兩岸應該就九七後台港關係諸議題進行
協商，不過，必須在台北確認「一個中國」的
原則下，及不搞「務實外交」，停止在國際間製
造「兩個中國」、「一中一台」等活動後進行。

2.如果九七前兩岸無法就台港關係進行協
商，取得協議，則北京將按《錢七條》、《基本
法》等相關規定處理九七後香港涉台諸事務（注
17）。

除開前述的北京觀點對九七後台港關係提
出的主張與立場原則外，從香港方面來看，作
為北京特別行政區的香港在《錢七條》的規定
下，其處理九七後台港關係機制的自主地位顯

然有其侷限。香港特區主事者面臨九七政權即將交接之際，極有可能因於客觀現實上受限於政權交接時期政務百般待舉而無暇專注於台港事務，在主觀意願上亦不願見歸入北京管治初期的密月時期內即與北京領導人在台港事務發生歧見，從而對九七後台港關係協商諸議題表現出一切任由北京中央安排的被動態度（注18）。

不過，吾人也認為，香港自我設限的被動態度應是以北京代表香港處理對台關係諸事務能夠不傷害也不危害到香港的現實利益作基礎的。也就是說，香港期待北京處理九七後台港關係事務時應是以北京能夠維護香港的利益作前提的；如果北京堅持某些無涉於香港實際利益卻作為台港關係協商前不可退讓的前提條件，從而造成與台北協商破裂，導致台港現行運作機制全面倒退而傷害香港的既有利益時，則屆時香港免不了將會對北京有所不滿，甚至是根本地質疑北京應否具備全權代表香港處理涉台事務的權力。

　　事實上，香港學術界中即不乏學者提出九
七後香港在台港關係上應妥愼扮演恰當的角色
地位，而非僅止單純地將執行涉台事務的權利
全部交給北京的見解（注19）。這些觀點包括
有：如果讓北京全權處理香港涉台關係，則台
港關係很容易受到兩岸政治鬥爭的衝擊而難以
穩定，特區政府要維持穩定的台港關係，更必
須制定相對獨立自主的涉台政策，儘管這涉台
政策不應與北京的政策有所抵觸；香港涉台關
係同時牽動到香港的利益和兩岸關係的矛盾，
特區政府在研議涉台政策時，應盡可能在二者
之中尋求平衡，以期在最壞的情況下也不致嚴
重損害香港的利益；以香港的利益爲本，應是
特區政府涉台政策的總原則；特區政府應盡量
爭取獨立處理一切非政治性的涉台關係；爲充
分發揮特區政府在涉台關係事務上的自主性，
也爲了建立和強化北京與特區政府對香港涉台
事務的制度性溝通與政策共識，特區政府有需
要成立特定的涉台事務部門，以制訂涉台政策
和統籌一切涉台事務；特區政府應授權其涉台

事務部門，主動爭取在台灣設立綜合辦事處（注
20）。

台北如何因應北京以「一個中國」的原則
作爲兩岸及以台港關係協商的前提條件呢？在
進一步討論政府的對應方案之前，吾人認爲有
必要先行理順下列二點認識。

(一)對「一個中國」原則的認識與因應

北京預設以「一個中國」的原則作爲兩岸
關係（包括未來的台港關係）談判協商的前提
條件的做法意涵著北京企圖將兩岸關係架構在
以北京爲主體的一個國家之內的中央──地方
主從格局的雙邊關係模式下，此一背離現實的
策略企圖自是我政府當局所理解而不能接受
的。不過，北京以「一個中國」的原則作爲兩
岸關係（包括九七後的台港關係）協商進行前
的前提條件的態度顯見是堅定而強烈的。此一
現實不僅是我政府處理兩岸關係及台港關係時
無法規避的首要課題，「一個中國」的原則所指
涉的雙邊關係定位問題顯然已是今日兩岸關係

（包括九七後的台港關係）中最具結構性的、最根本的爭議核心所在。

　　不過，就兩岸客觀的對應現勢來看，「一個中國」的原則應只是北京表達對兩岸關係發展的強烈主張與要求。吾人認爲，如果台北以堅定立場拒不接受以「一個中國」的原則作爲兩岸協商前的前提條件，則除非北京已經破釜沉舟地準備任由兩岸僵局持續下去，或是決定對台使用強制力量，否則，現時北京提出「一個中國」的原則，要求台北中止「務實外交」，停止搞「兩個中國」、「一中一台」等提法勢將難以避免朝向重新解釋的發展可能。當然，此一設想並不能免除台北必須認眞考量，在不接受以「一個中國」的原則作爲兩岸協商前的預設前提下，可能面臨兩岸僵局的持續以及九七後台港之間無從取得穩定的雙邊關係時，乃至於雙邊關係難以運作下，台北必須面對來自民間的強烈挑戰與經濟上的壓力等重大課題。

㈡對《錢七條》的認識與對應

　　吾人認為，《錢七條》是北京在《基本法》未對九七後的台港關係作出任何規定下，以單方面的「負面表列」般的列舉形式，宣示北京對現行台港關係互動現勢在九七後的適用與限制。北京雖無法依此即能完全規定九七後的台港關係形式，不過，在北京對港行使主權的現實下，北京即使無法與台北取得協議，它仍然能夠單方地就台港雙邊事務中屬於港方權限部分進行規定、限制與禁止，這包括有台北駐港機構能否留駐、台灣民眾進出香港與在港活動行為、台北海、空運輸機船入出香港等事務；而台北對於北京就香港權限進行的單方規定，實際上無從置喙。九七後，如果在台港雙邊，或是兩岸雙方沒有就台港關係進行任何協議下，則台北現實裡對台港關係的改變，大概僅能以對等互惠原則，要求香港比照提供同等待遇，或是，當香港依《錢七條》改變現行台港關係運作而未獲台北同意下，台北對香港進行

報復。

　　此外，吾人對《錢七條》的另一個觀察是，
《錢七條》的內容雖然凸顯北京以「一個中國」
原則處理九七後台港關係的企圖，不過，在《錢
七條》的字裡行間似乎也間接地表達了北京認
識到處理九七後台港關係在客觀現實上的侷
限。例如，《錢七條》即便在北京所謂之「涉及
國家主權和兩岸關係的事務」上，亦未全然排
除香港的參與，仍保留香港「在中央人民政府
的指導下處理」的空間。同樣的，在第六條關
於香港與台北之間進行各種形式的官方接觸往
來、商談、簽署協議和設立機構時，北京雖通
過「須報請中央人民政府批准」的規定，從而
確定北京在台港事務協商中對香港的指導地
位，然而，它仍然保留由香港直接組織談判團
隊對台協商（注21），甚至是逕由香港自行組建
談判隊伍的可能（注22）。

　　除了前述就兩岸可能協商的認識外，吾人
認為，北京現在看待台港關係協商的基本態度
是：如果台北不明確回應「一個中國」的原則

的話，那麼兩岸（兩會）就九七後的台港關係
協商，原則上毋須進行。此一觀點可從北京涉
台事務歸口管理機構表示：「台港關係沒有那
麼多的細節問題要談，依《錢七條》辦理即可」
（注23）的說法中約略見之。

　　除開前述的二個認識外，吾人也評估，北
京在沒有獲得台北的「善意回應」下，其處理
九七後台港關係的政策底限，亦應無準備任令
台港關係全面倒退，雙邊交流中止或難以運作
的局面發生。此一認識的基礎是：在面對台港
關係課題上，香港九七之於北京而言，首在於
體現北京在港行使主權，從而要求九七後的台
港關係必須體現在「一個中國」原則下重新定
位。北京雖以「一個中國」的原則指導台港關
係的協商談判，立意防止台北在台港關係上搞
「兩個中國」、「一中一台」的活動，但它也多
次宣示九七後台港民間經濟文化等交流事務維
持現狀基本不變的立場，而香港也同樣抱持在
經濟文化上與台北維持現行交流，並期待有所
增進的態度（注24）；台港關係全面倒退，雙邊交

流中止或難以運作等情況的發生不僅將對主權
過渡時期的香港的穩定繁榮造成危害，它同時
也將對北京設想「經濟上拉住台灣」的對台工
作策略，帶來立即的破壞效應，而這樣的情勢
相信是北京所極度避免的。

　　再者，由前述，吾人或可大膽假設，從唐
樹備與近期裡北京涉台官員再次宣稱兩岸若無
法於九七前就九七後台港交流等問題進行磋商
時，則北京將依《錢七條》與特區《基本法》
的規定處理九七後的台港交流問題的提法（注
25）中似乎也同時顯示著，北京在一定程度上已
著手考量若台北採取「對抗」的態度，堅不接
受北京依「一個中國」的原則安排九七後的台
港雙邊運作而致使台港關係發生難以運作的可
能情勢時，北京應否未雨綢繆及早因應的問
題。

　　在前述的觀點下，吾人認為，北京看待台
港協商的態度，顯示著除非九七後台關係發生
難以依《錢七條》及相關規定辦理的情況，否
則在台北不接受從「一個中國」的原則談起的

態度下，兩岸不必協商台港關係問題。更具體地講，北京期待，只要台港民間的交流往來能夠依目前的規定下持續運行，那麼不與台北協商台港關係將是北京最好的策略選擇。

北京的看法自有其主客觀能力的依據。在主觀能力上，九七在港行使主權的同時即賦予北京依「一個中國」的政策原則對台北在港活動的進行、機構的留存與人員的行動進行規定、限制與禁止等權力，台北對此很難置喙。不過，客觀能力的侷限是，北京的規定只要涉及雙邊事務的，都必須獲得台北的同意、默許與配合，否則即有窒礙難行的可能，而北京對台北進行協商即意味著北京須就雙邊往來事務與台北取得協議；而在雙邊協商下，北京免不了得釋放部分在港行使主權對台北進行的規定、限制與禁止的權力，以作為提出向台北交換的籌碼。相反的，如果北京不須與台北協商即能獲得依現行規定運作台港關係的結果，那麼北京自然也毋須向台北交換其行使主權的權力，此自是北京所樂見。

　　顯見的，北京的期待看來很難獲得台北的配合。現在我政府面對九七後的台港關係的首要工作目標，是企圖將北京收回香港對現行台港關係的影響降到最低，乃至是使現時台港關係視同國際關係的運作現勢不因北京收回香港改變，而北京眼前對待九七後台港關係的規定顯然與我政府的政策目標是大相逕庭的。

　　台北將如何因應北京的企圖而提出對應方案呢？在當前的客觀情勢下，吾人認為，台北可能選擇的對應態度，不外有三：

　　1.主動尋求以協商解決九七後台港關係諸課題。在此選擇下，政府必須面對在北京「一個中國」原則的規限下，如何取得雙邊對話的共同基礎。

　　2.以消極的不協商態度，亦不採取「對抗」的做法，默認香港就主權改變以《錢七條》對我進行限制，而我方繼續以現行做法維持與香港的雙邊運作，不抵制也不報復。

　　3.以積極的不協商態度，採取「對抗」的做法，聲言不惜全面中止台港關係，要求香港或

北京回應，就台港關係問題進行協商。

　　更進一步具體地講，在現勢上，台北若採取「對抗」立場，則其可資運用的做法與面對的可能情境有二：

　　1.台北放話九七後不惜全面中斷台港關係，迫使香港要求北京出面或香港自行出面協商：此一做法只適用於台港海、空航運運輸議題上。台北可宣稱（或不排除），若香港或北京不願派出具公權力的授權代表機構與台北協商台港航運議題，則台北將依現行台港運作模式辦理，而若遭受港方不予平等互惠對待下，台北定將相對予以報復。採用此一做法的考量在於現在香港全年（1995年）貨櫃總吞吐量1,260萬TEU（標準20呎貨櫃）中，有六分之一的比重屬台灣航商所有；台北的做法預期將打擊香港亞太航運轉運中心的地位，也會嚴重衝擊台港現行貿易機制，而相信具有船王背景的首任特區首長董建華能夠明確理解問題的嚴重性。不過，此一做法也勢將嚴重傷害台灣航商的利益；在台灣這個「主權在民」的社會裡，台北

當局未必擋得了民間的抗議與壓力，更不用說
此一政策執行的成功與否須端視航商的配合與
支持。

　　2.任令台港關係議題（也是以海空航運為
主）至九七來臨無法解決，以台港關係全面中
止，嚴重傷害香港利益下，迫使北京不得不在
香港的不滿聲中，出面解決對台北協商事宜。

　　當然，在採取全面對抗的行動之前，台北
必須認真估量此一政策可能造成的衝擊與影
響，以及台北有否能力承擔此一代價。就現時
來看，此一嚴重破壞台港現行運作的後果至少
將有：

　　1.台港之間海、空航運運輸因無法解決懸
掛旗幟問題而導致雙方船、機俱不能進出對方
港口，其結果將影響台港之間一年超逾190萬人
次的人員往來，279億美元的貿易總額，或是台
灣經香港對大陸貿易163億美元的貿易順差（注
26）。

　　2.台北駐港機構與人員面臨立即撤出香
港，或遭香港（北京）援引《基本法》第23條

（注27），以「分裂國家」罪名逮捕的危機。

　　3.台港兩地人民進出對方地區將因機構辦理簽證事宜而中止。

　　4.兩地各類文書往來認證俱因對方政府地位不獲承認而無法執行。

　　……

　　此外，吾人認爲，台北採取前述全面「對抗」的政策基礎，應意涵著台北體認到，台港關係若無法在九七前就雙邊的定位與運作架構作出妥適的安排，則九七後台北在港的處境顯然將不如現時港英管治下所獲有的待遇。特別是，在北京明白以《錢七條》的規限下，台北官方駐港機構與人員九七後在香港的活動將益趨艱困。

　　是以，在提出以「對抗」尋求兩岸就九七後台港雙邊議題進行協商的策略作法的同時，吾人認爲，台北與北京談判協商九七後的台港關係的首要政策目標，應在於謀求九七後台北駐港單位的正式地位與公開活動的空間，在此目標設想下，台北在面對兩岸可能協商之前，

將有必要及早地重新認識九七後的台港關係形
勢，通盤檢討現時對待香港的政策，提出談判
策略與確定基本的政策原則。吾人就此有以下
的理解與建議。

㈠重新省思對待香港的政策基礎

　　吾人認為，台北有必在堅定自身獨立於北
京主權之外的政治實體時，以同等的意涵尊重
北京九七後收回香港，行使主權的現實，並以
此作為制定對港政策與相關法規的基礎。對於
任何不放棄與北京競逐主權的行動，以及引致
北京疑懼台北企圖干預香港事務，參與「亂港」
圖謀的宣示（注28），應該是台北今後提出對港
政策內容時所應避免的。此外，源於過時的，
以及不自覺地流露出台北具有香港主權的政策
目標亦應一併修正（注29）。

㈡區分台港關係內外有別的定位原則

　　吾人認為，台北在定位台港關係事務上，
於內部研擬規範台港事務的法律文件時，應在

尊重現實的原則下，以「國際關係」的定位，規範台港雙邊往來事務與雙方人民權益保障與權利義務事項。對外方面，在考量北京對港行使主權與限制香港處理涉台事務的現勢下，爲避免雙邊關係的全面倒退，以「一個中國，各自表述」的原則，尋求雙邊協議的達成，並依此規範台港關係屬於兩岸關係架構下的特殊關係（"準國際關係"）。

(三)規劃對港政策的策略進程

在台港關係已經成爲影響兩岸互動的一個重要變項的同時，如何化危機爲轉機，使九七後的台港關係運作有利於台北創造兩岸互動結構的新形勢，進而促使兩岸關係能夠在台北的期待之下，逐步進展，從而達成台北的既定政策目標應是台北規劃因應九七後台港關係前，體認兩岸整體形勢下應有的積極策略認識。

是以，吾人以爲，政府有必要針對九七後的香港情勢與台港關係，著重以目標取向的策略規劃，在分期分階段的規劃下，提出近、中、

長程目標，有步驟地逐一實現以台港關係促進
兩岸關係發展朝向我政府期待的方向轉化。

　　吾人建議台北現階段處理台港關係與對待
香港的政策上，擬制如下的策略方案：

(一)近程策略

　　目標：維持台港關係現行運作機制，增進
台港關係發展可能之做法：

　　　　1.依「一個中國，各自表述」的原則，尋
　　　　　求與北京達成協議

　　　　2.爭取設立台北駐港正式辦事機構

　　　　3.以對等互惠原則開展雙邊關係

　　　　4.全方位開展與香港各界之經濟文化社會
　　　　　諸領域的交流聯繫

(二)中程策略

　　目標：形構台港利益共生機制，促進台港
關係演化之做法：

　　　　1.建立與特區政府的正式聯繫機制

　　　　2.創造台港共同利益事務

　　3.以功能區分廣設台北駐港單位

　　4.增進台港交流事務的進行

(三)長程策略

　　目標：以台港互動現實促使台港關係定位
的轉化之做法：

　　1.尋求逐一提昇台北駐港單位的地位

　　2.爭取設立台北駐港的官方代表機構

　　3.形塑要求北京尊重台港自主機制的共同
　　　事務

　　4.鞏固與發展台港共同利益事務

五、台港關係談判的主要議題與談判準備

　　九七後台港雙邊的定位問題不僅是台港關
係談判的核心議題，它顯然也將作爲雙邊可能
進行協商的其他議題的談判基礎。雙邊關係的
定位問題如果能夠獲得協議，則諸如台北在港
（或香港在台）設立代表機構的議題、雙邊海

空運輸運作規範議題、雙方人民入出境往來問題，乃至是雙邊的投資保護、租稅協定與司法協助等議題相信亦將不難解決。

在協商雙邊定位議題上，顯然的，北京仍將以兩岸兩會協商的形式，以「一個中國」的主張加諸在雙邊協商之前；北京的主觀設想應難以避免受到台港關係現勢不同兩岸關係的制約，而此一現實客觀上賦予兩岸就台港關係協商時有較多的解釋空間。吾人認為，在現時情勢下，台北很難從脫離「一國」的制約中而獲取兩岸協商成果；台北主張以「國際關係」定位九七後的台港關係顯然不可能獲得北京接受，而以「準國際關係」的提法或有可能在北京視若無睹下默認，但亦很難形諸於正式文字之上。吾人評估，北京較有可能接受的限度，會是「一個中國，各自表述」（北京自認其主張的主權原則不變下對我方的彈性退讓）下的「特殊關係」（我方自“準國際關係”提法下的退讓）。

㈠台北駐港機構議題

九七後台港關係的定位將呈現在台北駐港機構的可能名義、形式與具體的活動規範上。在此議題上，可以預期北京的談判底限會堅守在不准台北駐港機構體現任何足以顯示中華民國國號、旗幟與名義等諸「搞『兩個中國』、『一中一台』的活動」（注30）的行為。

吾人認為，在台北駐港機構議題上，台北應優先爭取設立正式的台北駐港辦事機構，而非以現時中華旅行社的名義繼續行之。如果政府能有效地取得駐港機構在香港的正式身份，這即意味著九七後政府在港工作將脫出港英時代不清不楚的姿身未明地位，從而在獲有正式名份下，取得進一步深化對港工作與開展台港雙邊共同利益的可能。

台北爭取正式的駐港辦事機構不意味台北將現行各單位駐港單位合併於同一個組織之下的設想。成立正式的駐港機構對外在於「正名」，以取得正式的對外活動空間，對內則在於

完善台北駐港各單位內部的統籌指揮協調機
制；未來政府取得在港設立正式的駐港辦事機
構下，或可考慮在指揮領導機制上將各駐港單
位合署辦公的可能，不過，政府亦應考慮保持
各單位在港執行業務的「遍地開花」現狀，以
期使各單位能各自於專管業務上與香港進行廣
泛的往來聯繫。

　　此外，吾人認爲，台北駐港機構的名稱，
在尋求以「中華民國在香港代表處」而不可得
的情形下，可考慮以「台北（在港）代表處」、
「台北聯絡（辦事）處」、「台北（在港）經濟
文化代表處」、「台北（在港）經濟文化聯絡（辦
事）處」等名義依優先序列選擇之。

　　再者，吾人建議，政府應以對等互惠的原
則，同意或爭取香港特區政府來台設立辦事（代
表）機構。政府不應從害怕「台灣香港化」的
角度，而處處刻意避免任何有可能引起聯想或
認爲台灣與香港同屬「地方政府」的印象。儘
管北京將視台港關係爲一個中國之內的二個地
區的往來關係，但是，台港雙邊良好的運作機

制將形成「一個」無從置喙的空間；台港互設
辦事機構將是促進台港良性交流互動的制度化
設計裡的重要一環，它將有助於構造台港聯手
共享共創利益以對應北京的空間。

(二)台港海空運輸議題

在兩岸可能就台港關係進行協商下，台港
海空運輸議題可以說是台北最有份量的籌碼；
不過，這個籌碼的特性像「七傷拳」一般，使
用起來頗具威力，但稍一不慎肯定就傷了自
己。

依《錢七條》的提法，北京期待，九七後
的台港海空運輸將體現在「一個中國」的原則
進行，即北京不接受九七後台北的海空船機進
出香港的港口機場時，使用中華民國的國號、
旗幟，而只願以「方便旗」的方式辦理，而台
北的立場則主張維持現狀，繼續使用國旗國號
進出香港。不過，顯見的，台北的主張很難為
北京所接受，這也是今日台港九七後航線問題
爭議未決的問題所在。

　　吾人認為，北京雖以兩岸間航運往來現階段得以懸掛「方便旗」形式為之的做法（注31）適用在九七後的台港航線，而台北的《境外航運中心設置作業辦法》中亦同意兩岸航商可以「權宜輪」形式，航行於境外航運中心與大陸地區港口之間，且台北專責部會主事者亦表示同意九七後台港間航運得以「權宜輪」形式行之的不反對態度（注32）。不過，吾人仍認為，台北應堅持現行做法，尋求此一「讓步」（即由維持現狀的「各掛各的旗」退而同意台港間航運得以「權宜輪」形式為之）應以議題的形式，要求北京與我方具體協商後方得行之；旗、證問題不存在以兩岸默契形式解決的可能，其結果產出應要求北京相對地付出同意台北設立正式的駐港辦事機構為代價。這也就是說，台港航運議題應與台北在港設立辦事機構相掛鈎；如果北京不同意台北在港設立辦事機構，則台北相對地也不應在過早地在台港航運議題上鬆口。

(三)兩岸人民入出境管理

　　基本上，在台港關係不致走上全面中止或斷裂的情況下，九七後兩地人民進出對方管轄地區的運作機制與九七前運作狀況並無二致。在九七前，台灣人民前往香港使用「港簽」作為獲允許進入香港地區的憑證，九七後，香港特區政府一樣也會照發「港簽」，九七前與九七後的差別，將只是從港英政府換成了香港特區政府；在台北方面，在台北承認香港特區政府的地位下，台北一樣將通過駐港機構簽發來台旅行證件，而香港人民進出台灣地區不管是九七前，還是九七後，也都必須依台灣的法律規定辦理，若有任何違反台灣法例之情事時，也是一樣地照章懲罰。

　　除開前述對台港談判主要議題的簡單論述外，吾人認為，台北在籌劃台港關係談判進行之前，有下列的策略做法應予考量。

(一)將香港納入台港關係協商之內

　　北京通過《錢七條》的規定，原則上已將香港排除在兩岸就台港關係協商之外，雖然，在《錢七條》的字裡行間也留下些許香港參與台港關係協商的空間（詳前述），不過，在北京的認知裡，這應是屬例外的情況，而非計劃內的規劃。

　　吾人認為，台北有必要尋求將香港納入台港關係協商的互動之中。一方面，其最簡單的作用，將是為兩岸間的協商創作議題，而或為雙方折衷妥協過程上的籌碼。在另一方面，就雙邊協商結構的策略意涵來看，北京與香港之間在台港關係上未有共同的利益機制，在談判過程中間，若台北與北京就台港協商議題發生爭議僵持或雙方對立激化時，則其勢將引發香港與北京的內在矛盾與張力，這樣的客觀現實將使得香港有可能成為分化北京談判隊伍的一個力量，這是台北應予注力之處。

　　此外，容納香港參與台港關係協商也將有

助於台、港雙邊儘早建立事務性的協商機制，
此即如香港學者對特區政府的建議（注33）一
樣，我政府應該鼓勵香港特區政府制定相對獨
立自主的涉台政策與設立涉台部門，鼓勵特區
政府加強台港雙邊的往來聯繫，充份運用台北
與香港在台港事務上的共同利益，以俾特區政
府向北京造成壓力，為台港關係走出北京掌控
之外，準備客觀條件，這應是政府規劃台港關
係協商中重要的策略作為。

　　不過，在鼓勵香港特區制定自主的涉台政
策與加強台港關係聯繫的同時，政府亦須有意
識地注意到避免台港關係運作落入北京設想的
「地方──地方」的格局之中；也就是說，在
台港雙邊往來互動的同時，台北除尊重香港是
一相對於北京之外的實體外，更重要的是，在
雙邊的頻密的往來互動過程中間，不管是形式
上或實質內涵上，都應體現台北是一個獨立自
主的政治實體的事實，並且不容在任何默契或
協議下被忽視。

　　台北鼓勵香港主動參與台港關係協商的做

法可以下述多種方式爲之：其一、通過召開大
型的台港關係研討會，廣邀香港地區知名學
者、政界人士（如立法局議員）等具資望人士
來台與會，通過以研討議題的形式，爲香港應
參與台港關係協商賦予其應然的客觀解析，
如：香港須參與台港協商，以建立相對自主的
涉台政策與執行機制，否則客觀上將很難避免
受到兩岸關係糾結的影響而損害香港的利益；
由於台港關係的發展不免牽動著香港的利益與
兩岸關係的矛盾，香港更有必要參與台港關係
機制的議定，以謀求符合香港最大利益的可
能；穩定的台港關係有利於雙邊共同利益的增
進與維護，台港雙方應共謀建立經常性的往來
聯繫機制……等，從而形塑對特區政府的輿論
壓力或民意要求。其二、以傳播媒體（包括文
字與電子媒體，乃至是網路論壇等）爲媒介，
促使「香港應否成爲台港協商的參與成員」成
爲被討論的議題，以掀起香港輿論各界的議論
趨勢，從而使特區政府在爭取香港利益的訴求
下，向北京爭取參與台港協商的空間。其三、

以非政府主張的說帖形式，如以學人的主張看法等形式，表達台北主張台港關係協商應有香港參與的政策立場，並通過非正式途徑使香港特區政府知曉。

　　將香港納入台港協商機制內也是台北正視省港經濟圈的發展趨勢下應然的政策作為。台北有必要通過香港與省港經濟圈形成有機的互動機制，進而在經濟層面上促成台北——香港——廣東三地相互聯結，形成具有共同利益的，可視為一體的經濟力量（經濟圈），從而對北京造成壓力。台北應該認識到，為因應香港的九七主權移轉與相應的形勢變化，台北的大陸政策須有更新的認識與積極的作為；在適應中國大陸後鄧時期的政經變化與香港主權改變的影響上，台北的大陸政策不能再僅止以大型的政策架構內容面對北京，而反倒是得以「因地制宜」的形式，在面對香港、廣東、上海、江蘇、山東……等地區時，以一系列的「小型」政策區別對待，從而在此基礎上研議對待北京的政策規劃。

㈡另行建置台港協商專責單位

　　吾人認爲，爲體現重新規劃後的香港政
策，也爲在政策上與現實上區隔香港與北京的
不同，避免台港關係過多地在運作機制與專責
單位上受到兩岸關係「一刀切」的影響，台北
有必要在海基會之外，另行建置專責台港關係
協商與運作事務的統籌機構。

　　同時，爲避免重蹈「海陸關係」運作不良
的前車之鑑，此一專責機構應以北美事務協調
會（CCNAA）的形式建構，並隸屬在陸委會之
下。

　　此外，另行建置台港協商專責機構的作法
也有迫使北京內部及與香港之間發生分化的作
用。長期以來，北京對港事務向來由國務院港
澳辦歸口管理，執行政策的專責組織則由黨組
的港澳工作委員會負責，而對外的名義就是新
華社香港分社；在現實上，雖然北京最終的對
台政策及對港政策的決策權仍得由江澤民等少
數高層領導人拍板定案，但是，在分工與歸口

管理上，國台辦與港澳辦終究是不同的兩套人馬。台北另行建置台港協商專責機構，並要求北京成立相同的對口單位的作法即便不使北京內部造成分化與政策分工協調不一導致協商隊伍力量分散的情況，但相信至少會令北京困擾；北京領導人將不容易決定，到底該對口單位仍由國台辦歸口負責呢？還是由較瞭解香港事務的港澳辦歸口負責，或是應由兩辦合組一套人馬共同負責？而如果是「兩辦合一」的話，那又得將面臨兩個系統的人馬如何彼此相調適，及誰該分工多，誰的分工少的問題？

再者，設置專責協商機構也將促使北京不得不儘早考慮香港在處理自身與台北的事務性議題上，應有的角色地位與職能；如果，北京願意給予香港參與的角色與權力遠遠不及香港期待的應有分量，則看來設置對口機構問題會是北京與香港之間九七後就台港關係立場歧異的第一個課題。除此之外，另行設置台港協商專責機構也有助於從台港互動現實上為特區政府成立自主的涉台部門準備條件，這也將為台

港關係運作機制脫出兩岸關係互動之外準備了
現實條件。

　　當然，從當前兩岸互動現勢來看，如果兩
岸雙邊均期待於97年7月1日前完成台港關係協
商，則另行建置專責機構的構想看來會是緩不
濟急的。不過，吾人仍建議，即使當前的台港
關係協商仍由海基海協兩岸兩會進行，台北仍
應以另行設置台港協商專責機構爲重要的政策
規劃工作。

㈢以設立台北駐港機構爲協商的政策
　目標

　　吾人認爲，在「一個中國，各自表述」下，
台北面對台港關係協商的首要課題，將是爭取
台北在港設立正式的辦事機構，確定台北在港
活動的名分與地位，而台港關係協商的其他議
題，諸如海空航運、人員往來……等項，它的
政策底限事實上是靈活的，也是從屬在爭取設
立正式的辦事機構下被運用的。台北的談判策
略應設想如果台北不能獲得設立正式的辦事機
構，則不惜令談判破裂爲基本態度。

　　除開前述的策略設想外，吾人建議政府應
有下列之談判準備。

(一)舉辦內部性質的台港談判工作研討會

　　台北有必要在台港關係協商之前，召集各
部會機構單位內與談判事務有關之人員，舉行
內部的、不公開的、也是祕密的談判工作研討
會，以交代政策，整合共識，研議談判議題，
模擬談判進行，團結工作紀律，整合協調談判
隊伍的工作進度與談判準備諸事宜。

(二)預判與研究北京談判隊伍的組成
　　與人員

　　北京談判隊伍的組成形式在一定程度上將
反映北京對待台港關係談判的基本態度與認
識。吾人有必要先行研析，北京談判隊伍的組
成，是否依循舊有的海協會形式，還是已加入
港澳辦、港澳工委，乃至是香港特區政府的人
員；這樣的談判團隊組成形式客觀反映著北京
看待香港與台港關係的思路，也將有助於吾人
研析雙邊談判的可能進展形勢，以及預為台港

關係、兩岸關係發展形勢的參考。

　　當然，就現勢來看，北京現時組成談判隊
伍的變動可能性不大，其免不了仍架構在國台
辦──海協會的系統之內。不過，值得吾人注
意的，將是其談判隊伍的可能變化，特別是談
判隊伍的領導人員的變化，應是吾人觀察的焦
點。

(三)注意談判機密的維護工作

　　在媒體報導自由充分受到尊重的現勢下，
北京現實上不難通過對台北媒體資料的研析以
獲得其所需的訊息，從而研判掌握台北的談判
策略、思路、談判準備等情報，然而，台北對
北京的談判策略、思路等卻是一無所知，這使
得台北在談判未進行之前，於客觀對應形勢上
即屈於劣勢。如何在兼顧民意監督與媒體充分
報導的需求下，有效地在談判籌備與談判執行
期間做好機密維護工作是台北籌劃台港關係協
商前須仔細規劃的工作課題。台北應做好在消
極上從團隊紀律做起，對參與談判人員依職能

區分訂定適當的保密等級；在積極的作爲上，
則應謀取進行各式的「僞裝」，以確保對手無從
獲悉台北的意圖與策略。

(四)注重談判的宣傳工作

　　在民主自由的今日，台北的任何施政措施
與政策工作都必須通過民意的考驗，甚至通過
民意的考驗有時還比政策本身的執行成效優劣
來得重要。台北在籌劃談判工作進行時，應注
意談判的宣傳與溝通工作，以期使民意的趨向
與政策執行之間不存有過大的落差。此外，在
台港關係談判上，宣傳的工作更需以香港爲主
要陣地，以爭取香港的支持壯大台北的談判力
量。

(五)預先妥愼規劃協商破裂時的替代方案
與因應對策

　　在尋求以談判協商解決兩岸間就九七後台
港關係運作諸課題的同時，台北亦須慮及，在
兩岸關係僵持的對應現勢下，北京堅定的原則
立場極有可能超出台北政策底線所能容忍的限

度之外，而兩岸協商破裂的可能性是存在的。
是以，在兩岸可能的協商進行之前，台北亦須
爲兩岸協商作好談判破裂的最壞打算，並事先
規劃在該結果下如何因應台港關係可能面臨的
衝擊諸課題，而提出可行的替代方案與因應對
策；這特別是著重在如何替代香港作爲兩岸
「中介地」的課題上。台北有必要就中介功能
上能夠替代香港的地區，預爲事前的研究與規
劃工作，如對新加坡、琉球、英屬維京群島、
……等地區，應進行其所具功能的適應與模
擬，提出評估、規劃與運用方案來。

注釋

注1：指《中華人民共和國香港特別行政區基本法》，
　　　1990年4月4日中共第七屆人民代表大會第三次會
　　　議決定通過。

注2：1995年6月22日，中共國務院副總理兼外長錢其琛
　　　在香港特別行政區籌委會預備工作委員會第五次
　　　全體會議致開幕詞時，代表國務院宣布九七後香港
　　　涉台問題的七項基本原則與政策，通稱《錢七條》。
　　　《錢七條》的內容詳後附。

注3：中共在建制前，毛澤東、周恩來即作出暫不收回香
　　　港的決定，而是對香港採取「長期打算，充分利用」
　　　的方針。毛、周的觀點是：對香港政策是東、西方
　　　鬥爭全局的一部分，不收回香港，不能用狹隘的領
　　　土主權原則來衡量，從長期的全球戰略講，這是一
　　　種更積極主動的進攻和鬥爭；香港是英國在遠東
　　　政治經濟勢力範圍的象徵，在此範圍內，英、美之
　　　間存在著矛盾和鬥爭，在對華政策上也有其矛盾與
　　　分歧，把香港留給英國，等於拉住英國，從而也促
　　　使英國不能也不敢對美國的對華政策和遠東戰略

佈署跟得太緊太攏；香港是我們通往東南亞、亞非拉和西方世界的窗口，它將是我們突破以美國為首的西方陣營對我國實行封鎖禁運的前沿陣地；……。毛、周的觀點在一定程度上反映了當時的國際政經局勢與中共領導人對世局的認知，對於今日理解中共對港政策的思路，亦有相當的參考價值。參閱許家屯著，《許家屯香港回憶錄》，頁82,267,473-5。

注4：台北於二次大戰後即曾向英國交涉歸還香港事宜，但因大陸撤守，英國承認中共而中綴。事實上，在現實情勢下，台北亦僅止在言詞上宣布對香港之主權主張，而難有其他具體作為。

注5：在兩岸對抗的年代裡，香港是兩岸在政治與意識型態鬥爭的主陣地。台北駐港人員單位曾遍及黨、政、軍、情等系統，也曾對共黨左派勢力進行強烈鬥爭行動（1955年喀什米爾號炸機事件；56年九龍、荃灣事件），香港在當時也是我政府取得大陸各類訊息的重要窗口；在中共方面，中共亦曾在香港領導左派暴動（1967年，「反英抗暴」），也曾通過香港，有效地偵知台北對大陸情報工作的行動與人

員。

注6：中共對香港的態度自中英香港問題談判開始，特別
　　　是自許家屯接任新華社香港分社社長以後有了明
　　　顯的改變。許家屯大幅改組北京的港澳工委班子，
　　　亦曾就北京的港澳工作，提出「拖住英資；穩住華
　　　資；團結僑資、台資；爭取外資；壯大中資」的方
　　　針。參閱許家屯，前揭書，頁57-66。

注7：錢其琛在代表中共國務院宣布九七後香港涉台問
　　　題的基本原則與政策時明白表示：「九七後香港的
　　　涉台問題，凡屬涉及國家主權和兩岸關係的事務，
　　　由中央人民政府安排處理，或由香港特別行政區政
　　　府在中央人民政府的指導下處理」。該聲明第六點
　　　也明白規定：「香港特別行政區與台灣地區之間以
　　　各種名義進行的官方接觸往來、商談、簽署協議和
　　　設立機構，須報請中央人民政府批准，或經中央人
　　　民政府具體授權，或特別行政區長官批准。」

注8：參見《基本法》，序言。

注9：《基本法》第22條第2款規定：「中央各部門，各省、
　　　自治區如而在香港特別行政區設立機構，須徵得香
　　　港特別行政區同意並經中央人民政府批准。」

注10：中共涉台官員近期仍指稱，如果兩岸仍無法在九七
　　　年上半年就九七後台港民間往來進行協商，則中共
　　　將自行依《錢七條》處理九七後的台港關係。此外，
　　　錢其琛宣布《錢七條》時，即明確表示這是代表中
　　　共國務院就香港涉台問題宣示的基本原則與政策
　　　立場。由此可說明北京並未因兩岸僵峙現勢而改變
　　　《錢七條》的主張。參閱《中國時報》，1996年12月
　　　30日，23版。

注11：《錢七條》前言：「九七」以後香港特別行政區與
　　　台灣地區的關係，是兩岸關係的特殊組成部分。

注12：《錢七條》前言：「九七」後香港的涉台問題，凡
　　　屬涉及國家主權和兩岸關係的事務，由中央人民政
　　　府安排處理，或由香港特別行政區政府在中央人民
　　　政府的指導下處理。

注13：《錢七條》第六條：香港特別行政區與台灣地區之
　　　間以各種名義進行的官方接觸往來、商談、簽署協
　　　議和設立機構、須報請中央人民政府批准，或經中
　　　央人民政府具體授權，或特別行政區長官批准。

注14：《錢七條》第三條：根據「一個中國」的原則，香
　　　港特別行政區與台灣地區間的空中航線和海上航

線，按「地區特殊航線」管理。香港特別行政區與台灣地區間的海、空航運交通，依雙向互惠原則進行。

注15：《錢七條》第七條：台灣現有在香港的機構及人員可繼續留存，他們在行動上要嚴格遵守《中華人民共和國香港特別行政區基本法》，不得違背「一個中國」的原則，不得從事損害香港的安定繁榮以及與其註冊性質不符的活動。

注16：如江澤民，《西安事變六十週年大會上的講話》，1996年12月12日；唐樹備，《中國時報》，1996年11月1日，22版。

注17：參閱《中國時報》，1996年12月30日，23版。

注18：例如，香港首任特首董建華在當選前多次因記者提問答覆九七後香港涉台問題時均明白表示，「涉及台灣問題及其他的國際問題，就是中央的事，不是香港的事」；「我想事關台灣政治的事，關係到整個國家統一的事情，應該是中央的事情」。參閱《聯合報》，1996年12月12日，9版。

注19：如王家英博士（香港中文大學香港亞太研究所研究統籌員）就香港涉台政策與角色問題上即表達不少

深入的見解。參見王家英，香港特區制定涉台政策
的基本方向，《星島日報》，A12版，1996年11月28
日；前人，港台關係過渡問題，《星島日報》，A9
版，1996年8月9日；……等。

注20：王家英，香港特區制定涉台政策的基本方向，《星
島日報》，A12版，1996年11月28日。

注21：《錢七條》"或經中央人民政府具體授權"的提法，
應意涵如同海協會經授權與海基會協商的形式一
樣，其雖由北京掌控，但應是以香港作為主體所組
建的談判隊伍。

注22：《錢七條》"或特別行政區長官批准"的提法應意涵
有香港得自行對台進行事務協商的空間。

注23：參閱《工商時報》，1996年11月18日，2版。

注24：董建華於96年10月23日回答記者詢問時表達的態
度。參閱《聯合報》，同前註。

注25：北京海協會副會長唐樹備在96年10月31日接受台
北新聞記者訪問團採訪時即強調：海協會仍然願
意與海基會就九七後台港交流問題展開商談。參閱
《中國時報》，1996年11月1日，22版。

注26：上述數據均引用84年我國海關與財政部的統計數

字。參閱《港澳月報》，頁31、33、35、38，85年12月（行政院大陸委員會）。

注27：《基本法》第23條規定：香港特別行政區應自行立法禁止任何叛國、分裂國家、煽動叛亂、顛覆中央人民政府及竊取機密的行為，……。

注28：例如，在北京眼裡，李登輝總統在「李六條」中提出"共同規劃港澳的繁榮與安定"的提法即被認為有插手阻撓北京順利收回香港的企圖。參閱李家泉，"一個中國"原則是處理港台關係的根本原則，《文匯報》（香港），1995年7月6日，A11版。

注29：如現階段《港澳工作方案》中揭示"維護港澳地區的民主、自由、安定與繁榮"、"共同追求中國的民主、自由、均富與統一"均屬之。

注30：《錢七條》裡錢其琛特別提出強調的用詞。

注31：中共交通部發佈的《台灣海峽兩岸間航運管理辦法》（1996年8月20日）第五條規定，只有兩岸的航運公司可以其「所有的」或「所經營的」船舶，從事兩岸航運業務；同時，該辦法施行細則《關於實施台灣海峽兩岸間航運管理辦法有關問題的通知》（10月5日）也明文規定：「在台灣海峽兩岸登記的

航運公司及其全資子公司在現階段可用懸掛方便旗的所有或經營船舶在兩岸間營運」。北京現階段尋求以「方便旗」形式達到兩岸通航的目標應無疑義。

注32：陸委會副主委高孔廉表示，九七後台港之間的航運部份問題在雙方取得默契下，就可實際運作，不一定要形諸文字，但涉及旗、證等屬於公權力的議題，仍應由兩岸授權機構進行協商。參閱《中國時報》，1997年1月10日，9版。

注33：王家英，香港特區制定涉台政策的基本方向，《星島日報》，A12版，1996年11月28日。

第五章　九七後香港對亞太營運中心的影響

　　要瞭解九七後香港對台灣要作為亞太營運中心的可能影響，必須先掌握以下幾個問題：

　　1.香港目前民主派力量與北京和港英政府的關係，到底會擠壓出什麼樣的政治生態和氣候，這樣的政治格局又可能如何影響北京和港英政府的對港政策，而這些政策則可能如何影響九七香港回歸中共後的經濟運轉和發展；

　　2.香港在九七後的總體發展，固然受到北京對港政策的影響，但香港的總體發展也會相對影響中國大陸特別是華南地區的經濟運轉，而香港和大陸之間這種相互滲透影響當然會影響台灣的經濟運轉，特別是會衝擊台灣作為亞

太營運中心的推動。

　　3.不過,台灣的大陸政策和對港政策,以及
兩岸經貿航運關係的發展,也會相對地衝擊影
響香港在九七後的經濟運轉;因此,我們在處
理九七後香港對台灣經濟,特別是台灣要作為
亞太營運中心的影響,絕對不能過度片面的強
調香港因素對台灣的制約作用。

一、九七後香港政治經濟發展
　　形勢的分析

　　八九年的六四事件之後,北京一直在政治
層面上對香港處處設防,特別是隨著許家屯出
走美國以及香港民主派力量在立法局直選中獲
勝,北京對香港的政治心眼就愈加沈重,這可
從北京積極介入操作近年來香港向九七過渡的
籌委會的運作,以及未來立法會的組合成份;
而這些動作已經顯示,北京早已透過種種手
段,以圖確保九七後的香港能符合北京的政治
標準。因此,九七後香港立法體系到底能有多

大的民主成分，港人恐怕是不敢有多大把握
的。而且北京積極操控下所產生的立法機構，
必然只是執行北京政策與意志的工具。而在北
京這些政治動作背後，當然會影響北京與香港
民主的關係，他們雙方間的關係，是影響九七
年香港政局能否平穩的重要關鍵，而這也將制
約著香港在九七後的政治氣候是朝寬容協商或
壓制對抗方向發展（注1）。不過，以北京對港一
直採取政治設防的向度觀之，北京是很難允許
九七後的香港政治或政策與法律運作逾越北京
的意志和觀點的。因此，九七後香港政治和政
策的自主性能有多大，仍將取決於北京的對港
政策，這個因素將蓋過基本法的作用因素。

　　透過以上的分析可知，香港在政治上於九
七回歸中共後，某些充滿張力的政治突發事件
的出現是相當可能的，其中特別是涉及到如何
面對六四事件新聞言論自由等等，都可能使香
港內政上出現許多張力，而這些張力甚至演變
爲突發衝突事件，將有可能導致包括美國在內
的西方國家對中國大陸的經濟制裁；而且，北

京若從對香港政治設防的角度繼續鑽牛角尖的
話，就有可能自覺或不自覺的把北京所習慣所
制定的處事作風、法律和新聞制度甚至意識型
態立場強加到香港身上；此外，九七香港回歸
大陸後，香港受大陸政治文化氛圍的衝擊影響
將明顯擴大，大陸內地嚴重的貪腐風氣有可能
捲襲香港，這將影響香港的經濟體質，以及直
接削弱香港的經濟競爭力。

　　政治因素是影響九七後香港發展前途的關
鍵，因為政治變數馬上會衝擊北京對港實行所
謂「一國兩制、港人治港」的情況。而「一國
兩制、港人治港」能否貫徹落實，攸關香港在
九七後經濟能否持續繁榮發展至鉅。讓港人最
為憂慮的是，中國大陸的改革進程若發生逆
轉，特別是如果倒退回封閉的史大林模式的社
會主義方向的話，將會對香港造成巨大的政治
和經濟災難。

　　美國傳統基金會於九五年十一月廿七日公
布「九六年經濟自由度指數」，針對稅制、貿易
政策、政府開支、貨幣政策、資金流動及外資、

金融、薪資及物價機制、土地所有權、黑市等
十個項目進行評估，香港因爲在貿易政策、稅
負和法律等項目表現優異而被評爲全球最自由
經濟體，至於中共則名列第一百廿一名。六十
年代香港採取近乎完全市場取向的放任主義，
而從七十年代起香港採行「積極不干預主義」，
奉行自由市場和自由貿易，但要求港英政府在
市場失敗時，或可能危害自由市場機制的因素
存在時，則必須發揮政府的政策調節功能；而
至九十年代以來，港英政府則在鼓勵自由進取
及競爭的前提下，強調要提供基礎設施、社會
福利、監管市場以利公平競爭和維持金融匯率
穩定。總括來說，九十年代港英政府的經濟政
策運作的基本原則是將「積極不干預主義」和
「財政預算準則」的精神加以結合。不過，從
九五年下半年以降，作爲夕陽政府的港英政
府，對於推動維繫香港自由經濟的能力和企圖
很明顯的已疲態盡露，很難再以強勢作爲來提
高香港的競爭地位。在港英政府奉行自由貿易
和市場的努力下，香港的經濟市場運作，曾經

差不多是接近完全競爭的模式，這是香港七十
年代末以來經濟持續繁榮和競爭力高居不墜的
重要因素。雖然在《基本法》第五章中，在財
政、金融、貿易及工商業等方面，確立了香港
持續自由經濟運作方式，但是香港這種自由經
濟模式的持續還得靠北京揚棄對香港在政治上
處處設防的敵對心態，從而保證「一國兩制，
港人治港」的落實來加以保證。

　　此外，香港在九七後，其經濟運轉的更進
一步內地化，從而受北京政治和政策氣候以及
華南華東政治經濟格局影響會愈趨明顯，香港
的自由經濟體質很難避免不受大陸不自由的經
濟因素的拖累，以致於使香港在九七後的競爭
力進一步衰退。

　　七十年代後期，香港原本積極想改變「出
口帶動工業」的經濟運轉方式，思考技術升級
之路；但由於八〇年代中國大陸經濟進行改革
開放，港商大量把工廠移往大陸，製造業依靠
低廉成本繼續生產銷往歐美的中下游的市場，
這導致香港工業的萎縮，不過卻使香港服務業

因著扮演轉口中介角色而蓬勃發展。製造業的
作用和地位相對減弱以及以第三產業為重心的
服務業迅速發展，香港總體經濟正在進行結構
性的轉型；但是由於製造業內遷北移過猛，香
港內部製造業轉型升級緩慢，迄今並沒有形成
高技術企業群，產品更新與品質提高的速度無
法明顯提高，如果九七後，香港的第二、三產
業這種失衡現象得不到改變，那麼隨著時間的
推移，香港製造業發展的層次和經濟發展水平
的差距將日趨擴大。再而由於總體經濟運轉轉
變為以第三產業為重心，這不只使勞動成本上
漲，而且使湧入市場的資金大多集中於地產和
證券市場，推動價格上漲以及通貨膨脹（注２）。

　　隨著第二、三產業嚴重的結構性失衡，若
持續發展下去，香港有可能成為專門從事高風
險高回報的經濟活動區，而由於高風險高回報
的經濟活動並非人人都可參與，這會導致社會
結構性失業趨於嚴重，投機之風更進一步滋長
蔓延，熱錢充塞、貧富懸殊加劇，社會高度不
安定。況且隨著收入與財富的集中，也將減低

社會總體的消費能力，出現嚴重的消費不足的危機（注3）。

　　依賴大陸與外國的轉口貿易雖然使香港獲得巨利，服務業躍升爲經濟主體；但是，中國大陸從九十年代以來擴大建設沿海特別是華南華東地區的機場和港口，在粵澳地區，就有廣州、深圳、揭東、珠海機場，其中廣州和深圳兩機場每年的客運量預計將達六千萬人次和二千六百萬人次，比現時啓德機場的每年二千四百萬人次還大，而且從九十年代以來，上海、廣州、深圳、珠海都積極發展金融服務業，如果中國大陸各主要城市特別是沿海城市的運輸和商業服務日趨完善，香港作爲提供各項服務的轉口中介角色將受到巨大衝擊。其實從九三、九四年起，大陸進口商就愈來愈喜歡利用大陸本身的港口直接取貨，香港幾乎所有較大的船運公司已在大陸許多港口設立辦事處，辦理提貨放貨手續。而從九一年至九五年的資料顯示，經香港到大陸的轉口貨淨貨值，每年的增長率呈現下降的趨勢，九五年的增長率只有

九一年的三分之一。

　　八十年代以來，兩岸的經貿和人員往來主要是透過香港作爲中介轉口站，不過從九五年年底以來，台灣／澳門間可以透過「一機到底」的安排，乘客可毋須轉機直接轉往中國大陸航點，或由大陸航點直接經澳門飛抵台灣；而台灣已於九五年五月五日發布「境外航運中心設置作業辦法」，其中第五條規定航商可用「權宜輪」而往來兩岸間，而中共交通部則歷經一年多於九六年八月廿日公布「台灣海峽兩岸間航運管理辦法」，允許權宜輪行駛兩岸航線，並自即日生效；此外，中共交通部亦宣布大陸決定先開放福州和廈門兩港口，做爲兩岸直航的試航點。中共公布實行這個辦法，當然是對台灣「境外航運中心設置作業辦法」的回應，而兩岸雙方在各自辦法中都允許權宜輪直接航行於兩岸間，那麼兩岸已經向海上完全直航往前跨了一步，而台灣所設置的境外航運中心在排除旗證等敏感問題後，應該也可以付諸實現。這種形勢的發展，已經顯示在九七之前，兩岸貿

易已經就不一定要經過香港轉口了。這不但使香港作爲兩岸經貿中介轉口的角色下降，連帶也可能使香港作爲國際和大陸的經貿中介轉口角色更趨褪色。

　　由於香港既有的經濟成就和地位，包括美國在內的西方國家對於九七後香港的演變發展，可說是既憂慮又有所期待，憂慮香港九七後的發展傷害了西方的利益，期待香港在九七後仍能繼續維持自由經濟以符合西方的利益。爲了因應九七的到來，美國於九五通過了有關香港的關係法，並且不斷重申在香港作爲和對於大陸作爲一獨立經濟實體的情況下，美國願意賦予香港無條件最惠國貿易待遇；因此香港在九七後如果被視爲無法作爲一獨立經濟實體的話，美國就有可能取消對其的優惠，進而損及香港，甚至包括大陸的經濟利益。

　　其實，包括美國在內的西方勢力，都希望九七後香港不只在經濟上能繼續被包含在資本主義世界經濟體系中，扮演重要的角色；更在文化價值領域內能夠與西方勢力站在同一陣

線。因此，包括美國在內的西方勢力拼命鼓吹
加速香港民主化，以便使西方文化價值觀滲透
深入香港。在冷戰結束之後，美國對受儒家文
化各種形式衝擊影響的國家地區，仍存有戒
心，杭廷頓 (Huntington) 在其「文明衝突」(Clash
of Civilization) 一文中，就強調美國今後必須與
歐洲、加拿大、拉丁美洲等文明價值觀念和宗
教信仰接近之國家地區加強合作，以抗衡回教
國家和受儒家文化影響的國家地區（注４）；如
果香港在九七後被視爲在文化價值觀上無法與
西方保持一致，西方的中國威脅論的認知強度
可能會更形強化擴散，把香港也納入中國威脅
的助緣因素之中，從而對香港在政治上採取設
防，甚至取消對香港的經濟優惠。

　　按照「一國兩制」的設計以及港人自治的
構想，香港經濟在九七後是必須而且可以維持
其獨立性；但是，在九七後香港無可避免的內
地化的經貿高速連合的過程中，香港就必須在
維持經濟體的獨立性和與大陸經濟一體化之間
掙扎擺盪，而這可能影響美國對香港作爲經濟

實體是否獨立的判斷，因此，九七後美國對港
的經濟政策可能會出現動盪，從而影響香港，
甚至包括大陸和台灣的經濟。

二、九七後香港對台灣推動作
　　為營運中心的影響

　　如果因爲上述的種種原因，而使九七後的
香港政治往對抗壓制的方向發展的話，或者使
北京無法貫徹落實「一國兩制、港人治港」的
話，將會衝擊香港的經濟，影響香港的競爭力，
甚至激起各方對於香港能否持續自由經濟體制
的疑慮，這將對香港現在已具有的金融船運中
心的地位造成傷害。其實，外商對於九七後香
港可能的變化，在經濟上早做了替代轉進的措
施，預料九六年這種現象會更爲明顯，而若九
七後香港政治不穩衝擊其經濟的話，那麼這種
現象會更趨白熱化；台灣推動成爲亞太營運中
心的時機稍嫌晚了點，有關的計劃到九五年一
月份才告出爐，而相關的措施包括硬體軟體的

建設以及法令的修正，工程巨大複雜，來不及
趕上替代香港九七所引起的區域經濟運作重組
之機；當然，若台灣能穩住政策方向陣腳，加
緊推動步伐，還有可能接上接收九七後香港經
濟變局的國際經濟利益；不過，值得深思的
是，香港九七後若因為政治不穩出現經濟動
盪，恐怕對台灣也會造成不利影響；因為，雖
然香港從九○年代以來的國際中介轉口角色日
漸褪色，再加上兩岸間種種變通形式的通航已
於九五年底展開；但是，由於香港長期以來所
扮演的中介轉口角色，很難在短期內被替代；
因此，九七後香港經濟若出現動盪，對台灣經
濟發展不見得真正有利。

　　雖然香港從八○年代以來，第二、三產業
發展嚴重失衡；不過，港英政府以及香港相關
各界都已意識到問題的嚴重性，從九○年代以
來特別是九三、九四年後，港英政府就強調在
香港引導扶持高技術、高增值製造業的重要
性，其中尤以成立和設立製造業高技術、高增
值項目發展基金和計劃以及設立科學工業園

區，對高科技高增值項目投資提供低息貸款
等，已成為港英政府和香港精英階層的共識；
而從有關的資料顯示，在港的中共力量也深刻
認識到發展高技術高增值製造業的重要性。因
此，如果從香港本身經濟轉型的結構性邏輯方
向來看，九七後的香港特區政府應該還是會抓
住這個經濟發展方向，這對於台灣要做為亞太
製造中心當然是一大挑戰。況且，以香港目前
的資料顯示，香港對於產業升級的認知和作法
與台灣的途徑具有高度的近似性，因此，香港
在產業升級的努力對台灣的衝擊可能遠比其他
亞洲小龍來得大。不過，隨著九七後香港經濟
的進一步內地化，港人是否會因在大陸內地加
工賺錢容易，而不願積極致力於產業升級，這
是值得注意的事情。

　　此外，從九十年代以來，大陸有關部門和
人士曾經不斷提出要將大陸的科技與香港的商
品化相結合，雖然效果不彰；但是這種認知意
識卻一直延續發展，如果九七後，大陸真的將
其科技，至少華東華南的科技力量與香港的商

品化相結合的話，香港經濟體的運作影響範圍將會擴大，而對於台灣作為亞太營運中心將是一大壓力；特別是如果大陸一些重要的龍頭工業集團，真的在九七後在香港投資，或參與科學園區的建設的話，對於香港產業升級將產生快速的促進作用，這確實是不利於台灣相對於香港的競爭力的改善。

　　如果香港繼續任由工業製造業萎縮，專注第三產業發展這條路的話，那麼就會出現前述的「高風險高回報」的經濟現象，這種現象會暴露嚴重的消費不足，需求低盪的危機，從而轉而衝擊傷害香港本身的第三產業以及使第二產業的發展更形惡化；這樣一來，將不只進一步削弱香港的第二產業甚至還包括第三產業的競爭力。如果從浮面的角度觀之，香港如果不能從這樣的困境掙脫出來，在其競爭力削弱的同時，當然是台灣趁機提升地位的契機；但是以台灣目前推動亞太營運中心遲慢的步伐，能否迎接這個契機，或是否會受到香港經濟轉型困頓的波及，是我們必須密切注意的事情。當

然，台灣在有關產業升級以及邁向資本技術密
集水平提升的認識比香港來得早，並且在政策
和動作中也有了一些具體的步驟，如科學園區
的設立以及對高技術高增值產品的鼓勵等，而
推動亞太營運中心其實也是在產業升級的邏輯
思維制約下的產物，台灣要把握香港經濟轉型
困難，提升相對於香港的競爭力，就必須加速
推動亞太營運中心的步伐。

　　此外，由於香港第三產業的發達，在其結
構邏輯的制約下，香港目前已在金融、貿易和
法律稅務服務功能外，積極發展投資貿易的資
訊聯絡協調以及國際設備和物種採購中心的服
務功能，這些功能的擴張將有可能使香港成為
一個具有全方位服務功能的經濟體，而九七後
的香港若能進一步體現這些功能，對於台灣要
成為亞太金融和資訊中心當然是一個巨大的壓
力。

　　由前述中共對於香港在政治上處處設防的
心態，非常有可能使香港在九七後的新聞及言
論出版自由的確保延續充滿不確定的變數，這

將使香港要繼續力爭做爲媒體資訊中心的努力
受到結構性的制約。

　　在另一方面，香港啓德機場於九六年將達
飽和，從九七至二〇一〇年，因飽和而造成的
經濟損失以及因而所造成的生意機會的喪失，
保守估計將有一千億港元，在新機場蓋成使用
之前，香港民航空運瓶頸將使其經濟競爭力受
到影響。不過，即使新的機場啓用，但面對中
國大陸在運輸業和其他商業服務日趨完善的壓
力，香港作爲提供各項服務的中介角色將會動
搖。不過，香港這兩三年來，已經意識到不能
再獨善其身，而必須與亞太區域內，尤其是華
南地區，如深圳、珠海、澳門甚至廈門、廣州
等機場發展互動的航空樞紐，而新加坡在近年
來似乎非常願意循著合則兩利的方式與香港不
只在金融更在航運運轉上進行合作；香港很有
可能成爲中國大陸主要航空樞紐之一，而這將
提升香港的國際空運的地位。不過，美國的力
量已積極介入亞太地區的空運貨物業競爭，美
國的聯邦快遞已在菲律賓蘇比克灣的中心區設

置全亞洲空運貨物網絡，而聯合包裹運送服務
有限公司於今年三、四月簽署諒解備忘錄，在
台灣設立一個價值四億美元的貨運樞紐，國際
跨國貨物空運業的介入增加港台在空運競爭的
力道和複雜度，而香港由於先天腹地狹小，就
算赤鱲新機場於九八年啓用，在繁忙時間其容
量也會達到飽和，但第二條跑道的興建需要五
十億港元，且能否順利興建尚是未知數，這可
能也會影響香港未來在空運上的競爭力。

　香港是一個深水港，而且毗鄰中國大陸，
擁有相當優越的經濟地理位置，成爲世界最大
的貨櫃港，一九九五年處理的貨櫃單位超過一
千兩百萬個。不過，香港作爲世界最大貨櫃港
的地位正受以下幾個因素的衝擊：1.中國大陸
從九十年代以來正大力發展港口碼頭，而爲了
提供高效率而直接的服務，包括香港在內的船
務公司愈來愈多地向華北和華東的港口提供直
接的服務；2.在中共交通部公布上述的兩岸航
運管理辦法並允許權宜輪來往兩岸後，兩岸間
變通式的通航已然出現，而向兩岸間的直接海

上通航往前跨了一步；3.香港經營貨櫃碼頭需
要承擔很高的土地成本，造成香港碼頭處理貨
櫃的費用比本地區其他港口高昂；4.香港貨櫃
碼頭與邊境檢查站之間的道路交通擠塞，造成
時間延誤，增加運輸成本（注5）。以上這些因素
將使香港貨櫃吞吐量增長雖然會持續增長但增
長率將會大幅下降維持在個位數。不過，香港
這幾年來已尋求和華南其他港口如鹽田、蛇
口、赤灣或珠海等發展互助的關係，以圖維繫
香港在貨櫃處理能力的世界性領導地位；台灣
若能抓住中共允許權宜輪航行兩岸的時機，推
動境外航運中心，應該可以增加對香港的貨櫃
處理的競爭力。

　　當兩岸經貿航運逐步向直接雙向的方向發
展時，香港作為兩岸中介轉口角色當然會日趨
褪色，這有可能演變成：1.香港必須尋求和大
陸內地特別是華南華東地區的經濟合流，或強
化與新加坡的合作關係，這是否會是成台灣發
展的孤立之勢，是值得注意的事情；2.台灣和
華東和東南沿海經貿關係日趨緊密，與省港經

濟區張力增強，排除台港間相輔相成的經濟關
係的可能性。此外，如果在九七前兩岸間的直
接通航尚未出現，而九七後由於兩岸間政治互
動張力導致中共企圖挾香港因素來對台灣施加
壓力的可能性絕對存在，香港受兩岸關係影響
的敏感度將會提升，而香港在兩岸間的政治性
意義將可能愈形提高。因此，九七後香港是否
能繼續成為台灣追求國際化和自由化的必要的
經濟性的既合作又競爭的對象，將是一個相當
棘手的問題，香港因素的不確定性增高，當然
會影響台灣推動亞太營運中心是否能順利繼續
運作。如果九七後因為兩岸關係的張力擴大，
也有可能迫使台灣更積極尋求替代香港的方
案，而台港關係惡化，在缺乏香港因素既競爭
又合作的作用，台灣成為亞太營運中心的努力
也將受到限制。

三、兩岸通航問題

中共交通部於一九九六年八月廿日公布「台灣海峽兩岸間航運管理辦法」，將兩岸航線定位為特殊合理的「國內航線」允許權宜輪行駛兩岸航線，並且即日起生效。中共交通部長黃鎮泉並在記者會上宣布，大陸決定先開放福州和廈門兩港口，做為兩岸直航的試航點。

台北於一九九五年五月五日公布「境外航運中心設置作業辦法」，將兩岸航線定位為特別航線，並採「不通關、不入境」的方式，允許外籍航商與權宜輪行駛兩岸航線；不過，因為中共並沒有立即有所回應，此辦法迄中共公布前述辦法前並無法落實。

中共國家主席江澤民，九六年八月廿九日會見我方工總經貿考察團時，以吟詩譬喻的方式表示兩岸應拋開政治分歧，共謀經濟合作；但江澤民仍不忘強調兩岸關係必須朝「一國兩

制」的方向發展。

　　香港「南華早報」九六年八月二十四日報
導，九六年北戴河中共中央工作會議，江澤民
曾表示，如果再在台灣海峽進行軍事演習，對
香港九七年的順利過渡會造成負面影響；報導
並指出，中共在得知連戰副總統過境美國以及
前往南美、烏克蘭等地訪問後，已決定打出「經
濟牌」，一方面可促使台灣更加依賴大陸，另一
方面則企圖形成以經濟促進政治的效果，給我
方領導當局施加壓力。此外，報導亦指出，最
近中共國台辦曾針對有關台灣經貿、投資、製
造業以及原料供應等狀況進行分析並做成研究
報告指出，台灣對大陸的經濟依賴程度很高，
且逐年加深，經濟牌是相當可以利用對付台灣
的籌碼。

　　「中國時報」九六年八月十六日報導，來
自台北決策高層的消息指出，雖然兩岸關係近
來限入僵局，但台北已經準備逐步走向國統綱
領的中程階段，積極營造兩岸互信合作的互動
關係，在維護國家利益及全民福祉的立場上，

探務實方式來加以落實，而我方積極籌劃的境
外航運中心，李登輝總統再三呼籲的兩岸簽定
和平協定，進行和平之旅等，都是中程階段的
具體推動目標。而為了實現上述目標，決策高
階已為進入國統綱領的中程階段作好了準備。

日本東京新聞九六年九月一日報導、中共
已決定用政經分離，經濟為優先的策略，全力
促使兩岸三通的實現，並著手研究設立一個由
民間團體為主的新機構，作為和台灣在經濟方
面對話的機構；報導指出，中共具體的是擬以
大陸工商聯與台灣工總作為經濟對話管道。而
九六年九月三日，台北行政院大陸委員會表
示，兩岸間涉及公權力的事務，還是必須由海
基會進行，況且，兩岸既有的海基會和海協會
管道，已有制度化運作，雙方應該相互尊重，
並儘速恢復；若報導屬實，中共無非就是要刻
意貶抑海基會和海協會的角色功能，我們不能
隨他們起舞。

中共交通部於九六年八月廿日正式公布
「台灣海峽兩岸間航運管理辦法」，在時序上，

當然是回應台北設置境外航運中心先行開放外
籍輪與權宜輪航行兩岸的規劃方案。不過，中
共交通部長則表示該辦法與台北境外航運中心
設置辦法是兩回事。其實，中共的辦法也允許
權宜輪航行兩岸，這表示兩岸所各自推出的兩
岸通航方案，存在著交集面及相容性，對於促
進兩岸經貿航運關係的發展有其務實意義，因
此到底誰回應誰，並不是重要的問題。兩岸間
包括通航在內的有利兩岸人民福祉的問題，最
理想的解決方式是透過協商，然後在無法協商
或協商遭遇障礙時，兩岸各自針對問題推出片
面的規範，也不失為退而求其次的作法；未來
雙方勢必是能從各自推出的規定尋求交集面及
相容性，以便進一步發展兩岸間的通航事宜，
共謀兩岸的經貿和人民的利益，才是最務實的
作法；而且兩岸各自的規範已為兩岸通航初步
訂出了一定的法律依據及操作空間，這是一個
好的開端；兩岸必須從尋求雙方規範的交集面
及相容性出發，循序漸進，求同化異，建立更
多的共識，並進而能以雙邊協議模式取代片面

規範方式，爲兩岸進一步對等互利的經貿和航
運作出準備。

　　中共所公布的辦法將兩岸航線定位爲特殊
合理的「國內航線」，雖有「特殊」這兩個字眼，
但從中共交通部長記者會說明可以看出，中共
所著重的是強調兩岸航線是所謂國內航線。這
不免予人質疑，中共欲藉此矮化台灣爲地方政
府，對台灣片面宣示符合中共意圖的主權和治
權，不符合兩岸往來應有的「對等尊嚴」的分
寸。此外，中共此種定位也難免引來違反台灣
海峽自由通行原則的批評。台灣海峽屬性特
殊，而當航線實很難被視爲「國內航線」，各國
商用船舶通過台灣海峽之航行自由，恐怕是很
難被禁止的；我們當然希望兩岸的航運利益和
主導權能夠由兩岸航商和團體來掌握，但將兩
岸航線定位成國內航線，形式上排除外籍航商
介入營運，在實際操作上其實很難做到。兩岸
當然應當共同努力，保護兩岸航運市場，維護
兩岸人民的共同利益；但是排除外商，不但事
實上做不到，而且不符合台灣海峽屬性的現

實。因此，基於現實，兩岸應將兩岸間的海上
航線，定位為一種有別於住進國際航線及一般
國內航線的特殊航線。

　　從促進兩岸良性互動的觀點來看，台北設
置境外轉運中心是近年來兩岸關係發展極具突
破性的舉措，而中共交通部前述辦法的公布，
雖仍帶有矮化台灣的政治考量，但也不失為兩
岸逆向通航跨出關鍵一步。而只要兩岸從技術
面力求雙方各自辦法的交集和共同性，使境外
航運中心能夠順利開張營運，雖然只是權宜輪
在兩岸間航行，但兩岸心理上的距離可以拉近
很多。而在此基礎上，雙方循序漸進地共同努
力，待兩岸簽定和平協議，彼此無安全上顧慮
後，則兩岸間全面直接的通航以至通商自然可
以水到渠成。兩岸間的全面通航及通商問題如
果過於躁進，只會淪為政治策略的籌碼，反而
使問題更加治絲益棼，不見得有利於兩岸關係
的良性發展以及兩岸人民的利益。

　　台北的境外航運中心設置辦法，之所以只
允許外籍航商與兩岸航商的權宜輪航行兩岸，

主要原因乃在於中共當局一直不願承認我爲對等政治實體，以及迄今不願放棄對台用武；台北交通部在規劃這項辦法時，所秉持的基本原則就是彰顯「安全、對等、尊嚴」精神。在這些基本原則沒有被確立前，台北是不太可能冒然地與大陸展開全面地直接的通航和通商；而這也就是爲什麼我方境外航運中心辦法仍規定兩岸航運以貨運爲限，而且強調貨物不通關不入境的基本原因。

　中共當局曾不斷批評台北的辦法，是企圖要把兩岸航線當成國際航線，使得兩岸航運問題國際化；其實，就如前述，我方將兩岸航線定位爲既不同於傳統國際航線與一般國內航線，是相當符合兩岸現實，甚至台海的特殊屬性的。而且，儘管目前兩岸對「一個中國」的含義各有各的解釋，但兩岸當局都強調一個中國，旣然都堅持「一個中國」原則，其實將兩岸間航線相當政治化的定位爲國內航線，是多餘的而且是不必要的。

　綜合各種資料顯示，中共當局近來雖然口

頭上一再以各種方式傳達要採取政經分離的方式來處理兩岸問題，但是實質上卻是進一步強化把經濟當政治牌打的作法，希望能夠藉強化經濟牌，達成對台灣以商促政，以經濟包圍上層建築的效果；因此，中共近來一連串有關航運辦法的公布以及包括江澤民在內的一些較為感性軟性的表態，都仍充滿了政治意義；這難免使人對中共是否眞正願意務實面對兩岸通航和通航問題產生疑慮。兩岸的經貿和航運，必須符合務實理性原則，方能有利於兩岸人民的利益，以及體現兩岸的良性互動關係，而若使其淪為政治籌碼，將使問題更加治絲益棼；政經分離是不能光說不練的，否則這種宣示，本身既是一種政治，也是一種要給對方施加壓力的圈套或策略。

從九五年下半年以至於九六年五月間，中共對台所採取的文攻武嚇作法，不只使兩岸關係惡化陷入僵局，而且傷害兩岸三地的巨大經濟利益，我們願意將中共目前回歸經濟面的作法看成是務實理性的初步表現；兩岸三地的各

種利益能否不受傷害，端賴兩岸關係的緩和以
及進一步的良性發展，而要實現這個目標，就
必須兩岸均務實理性的做到讓經濟的歸經濟，
並且從以增進兩岸三地人民福祉利益為最高考
量，循序逐步的實現兩岸全面的通航和通商。
如果前述南華早報的報導屬實的話，江澤民認
為若對台採取激烈手段將不利香港過渡，這毋
寧已是相當務實理性的看法，但其實還會將造
成遠比於此更嚴重的後果，其中尤其是對兩岸
三地經濟和人民利益的傷害。

　　由於大陸內部政經發展的結構性難題，九
七香港的主權轉移，以及十五大中共高層權力
重組案因素的制約，中共高層內部環境著諸多
意識型態和路線問題進行角力，其中兩岸問題
也成為角力的重要議題；而從近幾年來的兩岸
關係發展可以看出，中共高層對台路線反覆的
頻率是相當高的，這是兩岸關係不穩定的主要
原因之一。兩岸問題成為中共高層進行權力和
路線角力的籌碼，不同派系和系統間的權力和
路線較勁會不斷衝擊中共對台政策和工作，使

其充滿高度的變數。雖然改革開放以來，中共
的政經運作已較改革前制度化，但是仍然充滿
著人治的色彩。中共高層囿於派系利益的考
量，基本上不太可能從有利於兩岸人民福祉的
全面方向去考量兩岸關係；而且，在人治因素
仍然高過制度化因素的情況下，兩岸關係的互
動就很難朝制度化的良性方向去發展，這應該
是兩岸人民所不願意樂見的。

　　如果中共想要另起爐灶，以新的團體作為
和台灣對口的單位；這除了帶有刻意貶低海基
會和海協會角色功能的意涵外，還會使兩岸的
互動更缺乏制度化的管道，這有可能進一步導
致兩岸關係的動盪不安。兩岸人民福祉和利益
的實現必須循兩岸既有的制度化運作基礎的管
道，再輔以其他相關的民間或諸多半官方的團
體，才能克竟其功，否則容易使問題更加治絲
益棼。

注釋

注1：香港明報一九九六年二月十八日社評。

注2：張鯨豐，〈香港經濟結構轉型緩慢，影響平衡加劇失業通脹〉，香港大公報一九九六年三月卅日第九版。

注3：曾澍基，〈香港經濟往何處去〉，香港明報一九九五年十一月十五日，論壇一版。

注4：Huntington, "Clash of Civilizations", *Foreign Affairs,* 1993, Vol.72,No.3.

注5：董建華，〈香港作為海運中心的前途〉，香港明報一九九六年四月十五日B8版。

結語

　　按照北京的猜想，在九七後是可以依政經分離以及經濟基礎和上層建築區隔的原則來操作香港的政經社會運作的。而從種種跡象顯示，北京從九七前幾年就加緊了對香港掌控的腳步，並在文化、新聞和意識型態領域強化了對香港的壓力，如果北京不加自制的話，可能就會影響港人應有的言論自由的權利。長期以來北京一直與西方有人權問題的爭論，而如果照上述的情勢發展下去，香港的人權問題也會浮上枱面，這將不是北京所願意樂見的。

　　其實，政治和意識型態緊而經濟鬆，這已經基本改變香港原有的政經生態，從而使北京

所標榜的一國兩制的內涵更形縮小。在政治和
意識型態領域中，北京是不允許將一國兩制作
過度的類推，北京基本上是想通過一國兩制訴
求接受香港的經濟成果，一國兩制的經濟意涵
是遠超過其政治意涵的。

在另一方面，九七後香港與北京的關係，
深受中國大陸、香港與世界體系的三角互動結
構的影響，其發展恐怕不是北京所設定的一國
兩制框架所能約束的；而且北京雖然在政治和
意識型態層面對香港採取相當強勢的作為；但
是，香港政治經濟和總體社會運作的複雜度恐
怕也不是北京的強勢作為所能應付得了的。畢
竟香港經歷中國大陸不同的發展過程，北京能
否用改革開放以來政經分離的方式來面對香港
問題，是頗值得吾人關注的。而且，由於北京
處理資本主義地區政經問題的經驗不足，是否
會影響其處理香港問題的能力，這其實是對北
京在九七後的最大挑戰；北京是否願意或者會
因著九七後的結構形勢發展改變傳統處理政經
問題的慣性模式，我們也可以拭目以待。

　　在民族主義問題上，北京的想法也許相當
單純：隨著主權的轉移，香港人的集體認同當
然必須隨著轉向以北京爲中心的方向上來。根
源於歷史和血統種族的向度，港人的民族認同
是不成問題的；但是，港人在九七後的集體認
同圖景的建構，絕不只是通過上述的向度就能
克竟其功的，北京也不能將港人的集體認同只
簡單的限定在上述的向度上；而且，北京必須
體認，如果北京能在政治和意識型態領域給予
香港更多的尊重，香港在集體認同圖景的建構
上會更加向北京傾斜，北京不用擔心香港會越
出北京的期待而向西方或其他因素傾斜。北京
如果能越過慣性模型的制約，成爲港人未來集
體認同結構中令人心性誠服的因素，北京根本
不須要靠著什麼一國兩制來框住香港，而港人
也不會再追問香港到底能否「實踐」一國兩制
以及一國兩制到底能撑多久等問題。只有一國
兩制不再是北京與香港間的問題，那麼香港才
算在集體認同上總的向北京和中國大陸回歸。
而也惟有如此，北京處理資本主義地區的能力

才算臻於成熟，從而也才具備有面向二十一世紀挑戰的條件和能力。

人們不會願意見到香港回歸中國之後出現動盪，以香港在世界體系中的角色來看，香港與北京出現嚴重張力將來會衝擊區域的經濟發展和穩定。北京必須能夠順應世界體系的運作機制，甚至更積極的讓香港能在世界體系中發揮更大的角色，然後北京將算有能力和條件在政治經濟向度上引領香港的發展。

其實，北京和中國大陸若繼續走經濟改革和對外開放的路，那麼香港的地位和角色更不容忽視，香港經濟表現的經驗和成就，是北京和中國大陸所必須參酌甚至學習的，亦即在不少地方北京和中國大陸還必須以香港為師。因此，香港主權回歸中國，但這並不表示，在政治經濟關係中，就一定是北京為主香港為從。香港在未來當然可以憑其經驗成就，和北京競逐中國大陸政治經濟的主導權。

香港承載了世界經濟體系的力量，而且通過香港的回歸，緊臨香港的中國大陸地區特別

是廣東省，將會進一步被捲入世界經濟體系之
中；因此，北京所面對的香港絕不是抽象的海
島，而是涵蓋中國大陸經濟區和世界經濟體系
的力量，北京在處理香港問題時必須要有國際
視野。在另一方面，香港也必須認清自己在世
界經濟體系的角色，不要囿於主權的回歸北京
而影響這種角色的扮演，而從這種角度出發，
香港必須力求和世界經濟體系的力量維持親密
關係，其中當然包括和台灣維持良性的互動關
係。只有香港能努力這麼做，其相對於北京至
少在經濟上的自主程度才能獲得確保。

　　中國大陸雖然有廣大的腹地和市場，但在
世界經濟體系中的位階，就算進入廿一世紀香
港也不會亞於中國大陸的；不過，其中的關鍵
在於香港必須如上述持續發展其角色，以及不
能只是被北京視為單純的手段和工具來運用，
香港必須進一步運用中國大陸提昇其在世界經
濟體系的角色。北京如果讓香港因為主權回歸
而與台灣和世界經濟體系疏離關係，這不只不
利於香港的發展，更會對中國大陸的發展造成

傷害。因此，北京在九七後絕對不能利用香港來對付台灣和世界體系，這樣做等於是搬磚頭在打自己的脚，北京將會得不償失，甚至使台港大陸三方面都受到玉石俱焚或蜻蚌相爭的傷害。允許九七後的香港在對台問題上有其應有的自主權，對北京、香港和台灣未來的三角互動，將是有利無害的事情。

參考書目

英文部份

1. Benedict Anderson, Imagined Communities, Verso, 1995.

2. Prasenjit duara, Rescuing History From The Nations, The University of Chicago Press, 1995.

3. Kuan Hsin-Chi, 'Power Dependency and Democratic Transition: The Case of Hong Kong', The China Quarterly, No.128. December, 1991.

4. Samuel P. Huntington, 'the Clash of Civilizations?', Foreign Affairs summer 1993, Vol.72, No.3.

5. Samuel P. Huntingto, 'The West: Unique, Not Universal', Foreign Affairs, November/ December, 1996.

6. Donald H. McMillen & Michael E. DeGolyer eds., One Culture, Many Systems: Politics in

The Reunification of China, The Chinese University Press, 1993.

中文部份

1. 黃炳坤主編,《"一國兩制"法律問題面面觀》,香港,三聯書店有限公司,一九八九年。

2. 肖蔚雲主編,《從一國兩制與香港特別行政區基本法》,香港,文化教育出版社有限公司,一九九〇。

3. 張京媛編,《後殖民理論與文化認同》,台北,麥田出版社有限公司,一九九五。

4. 許家屯著,《許家屯香港回憶錄》,台北,聯經出版社,民國八十二年,共上下兩冊。

5. 揚奇主編,《香港概論》,香港,三聯書店有限公司,一九九二年,第三版。

6. 鄭德良,《香港奇蹟——經濟成就的文化動力》,台灣,商務印書館,一九九三年。

7. 葉明德等編著,《一九九七過度與台港關係》,台北,葉強出版社,一九九四年。

8. 朱雲漢等編著,《一九九七前夕的香港政經形勢與台港關係》,台北,葉強出版社,一九九三年。

香港學　　　　　　　　　　·文化手邊冊 34·

著　　　者／李英明

出 版 者／揚智文化事業股份有限公司

發 行 者／林智堅

副總編輯／葉忠賢

責任編輯／賴筱彌

執行編輯／趙美芳

登 記 證／局版北市業字第 677 號

地　　　址／台北市新生南路三段 88 號 5 樓之 6

電　　　話／886-2-3660309　886-2-3660313

傳　　　真／886-2-3660310

印　　　刷／偉勵彩色印刷股份有限公司

法律顧問／北辰著作權事務所　蕭雄淋律師

初版一刷／1997 年 6 月

定　　　價／150 元

ISBN ／957-8446-14-4

總 經 銷／揚智文化事業股份有限公司

地　　　址／台北市新生南路三段 88 號 5 樓之 6

電　　　話／886-2-3660309　886-2-3660313

傳　　　真／866-2-3660310

國家圖書館出版品預行編目資料

香港學 / 李英明著. -- 初版. –
　　臺北市：揚智文化， 1997 [民 86]
　　　面；　公分
　　參考書目: 面
　　ISBN　957-8446-14-4 (平裝)

1.　政治 - 香港

574. 338　　　　　　　　86004458

現代生活系列叢書

1. 抉擇—生命的喜悅
   Alexandra Stoddard 著
   俞筱鈞 譯
   定價 200 元

2. 怡然相處—傾聽自己的感覺
   Alexandra Stoddard 著
   俞筱鈞 譯
   定價 200 元

3. 命運與人生
   楊士毅 著
   定價 250 元

4. 命運與姻緣
   楊士毅 著
   定價 250 元

5. 愛‧婚姻‧家庭—
   　　差異、衝突與與和諧
   楊士毅 著
   定價 250 元

6. 生涯規劃自己來
   洪鳳儀 著
   定價 250 元

揚智文化事業〔股〕公司 出版
劃撥帳號：1453497-6

【文化手邊冊】

單本價格每本定價 NT：150 元

中國大陸學

文化手邊冊 12
書名：中國大陸學
作者：李英明
策劃：孟樊
定價：150元

本書針對西方尤其是美國的中國大陸研究，從歷史和方法論的方向，比較有系統的加以整理反省，希望能產生「他山之石可以攻錯」的效應，對我們自已的中國大陸研究進行深沉的反思。

性革命

文化手邊冊 13

書名：性革命

作者：陳學明

策劃：孟樊

定價：150元

經過二、三十年後的今天，「性革命」在西方世界基本上已偃旗息鼓，卻在東方世界重振雄風，尤其在今天「性解放」口號叫得如此響亮的台灣，本書之出版有指點迷津的作用。本書介紹三位「性革命」理論家—佛洛依德、賴希、馬庫色的有關理論，並對「性革命」的來龍去脈，有提綱挈領式的說明，讓讀者對「性革命」一詞能一目瞭然，是從事「性—政治運動」者，不可不讀的一本手冊。

同性戀美學

文化手邊冊 22
揚智文化事業〔股〕公司 出版
作者：矛鋒
策劃：孟樊
定價：150元

同性戀美學揭示出同性戀生活方式的美學意義，洗刷掉蒙在這種生活方式上的歷史污垢，展現出人類探索自身，解放人性，追求完美的悠久歷史和廣闊前景，使當代同性戀文化的道德尊嚴獲得美的光照。作者以極大的勇氣，對古今中外文明中普遍存在的同性戀文化美學表現進行研究，意圖打破傳統的文化偏見和心理禁錮，揭開久經掩蓋的文化史和美學史的「暗幕」，呈現出人性的本真。

文化工業

文化手邊冊 26
書名：文化工業
作者：陳學明
策劃：孟樊
定價：150元

文化是歷史的投影，「大眾文化」是二十世紀的時代產物。隨著科技的進步，市場經濟成為一種潮流席捲全世界，商品成為一種普照的光投射到各個角落，商業化和都市化成為這個時代的表徵。在這種背景下，古典的、高雅的文化傳統受到猛烈衝擊，而以文化工業生產為特徵、以市民大眾為消費對象、以現代傳播媒介為手段的「大眾文化」占領了整個世界。對待當前的「大眾文化」，採取憤世嫉俗的激進主義態度或放任自流的消極主義態度都不對，而後者似乎是更危險的傾向。法蘭克福學派理論家的文化工業理論能有效地防止和醫治這種危險的傾向，這是介紹和探討這一理論的實際意義所在。